企业社会责任与绩效评价研究

张 欣 陈丹文 李 霄◎著

线装书局

图书在版编目（ＣＩＰ）数据

企业社会责任与绩效评价研究 / 张欣，陈丹文，李
霄著. -- 北京：线装书局, 2023.7
　　ISBN 978-7-5120-5497-4

　　Ⅰ. ①企⋯ Ⅱ. ①张⋯ ②陈⋯ ③李⋯ Ⅲ. ①企业责
任－社会责任－研究②企业绩效－经济评价－研究 Ⅳ.
① F272-05②F272.5

中国国家版本馆CIP数据核字(2023)第107442号

企业社会责任与绩效评价研究
QIYE SHEHUI ZEREN YU JIXIAO PINGJIA YANJIU

作　　者：张　欣　陈丹文　李　霄
责任编辑：白　晨
出版发行：线裝書局
　　　　　地　址：北京市丰台区方庄日月天地大厦Ｂ座17层（100078）
　　　　　电　话：010-58077126（发行部）010-58076938（总编室）
　　　　　网　址：www.zgxzsj.com
经　　销：新华书店
印　　制：三河市腾飞印务有限公司
开　　本：787mm×1092mm　　　1/16
印　　张：10.5
字　　数：250千字
印　　次：2024年7月第1版第1次印刷

定　　价：68.00元

线装书局官方微信

前　言

随着生产力的发展和市场竞争的加剧，股东价值最大化引发了环境污染、资源浪费、产品质量低下、员工权益得不到有效保护等一系列社会问题，这些问题极大地妨碍了企业的长期稳定发展。企业社会责任是指企业在追求企业效益最大化的同时应主动考虑维护包括股东、员工、债权人、供应商、客户、政府和社会公众等多方企业利益相关者的利益，以达到企业的社会与经济效益最大化。企业从本质上来看属于社会的一员，和国家公民一样在努力实现自身生存基础上注重对资源环境的保护、遵守社会公德以及承担相应的慈善责任，以实现企业自身的社会价值。

企业社会责任是现代会计学一个重要的研究领域，而绩效评价又是现代管理会计公认的研究内容之一，把两者结合起来，用绩效的方法研究如何更为科学合理的评价企业社会责任，才是正道。企业发展在经历了资本的原始积累和资源的优化整合阶段之后，已经步入了"企业公民"这一全新竞争阶段。企业社会责任已不仅是道德问题，它关乎企业的生存与发展。从全球范围来看，企业承担社会责任已经成为大的趋势，并且逐步从道德规范走向法律和标准管理。近年，随着我国政府提出建立和谐社会的理念，社会公众对于诸如机会平等，污染控制，能源和自然资源消耗，消费者和员工权益保护等问题的关注也日益增加。企业社会责任问题已经越来越为理论界和实践界所重视，履行社会责任已经成为现代企业不可逃避的现实。

本书从企业社会责任的概念出发，对企业社会责任的理论基础和企业社会责任与企业绩效关系实证研究方面的重要文献进行较为全面的梳理和分析，从 21 世纪企业经营管理面临的环境与挑战出发，突破企业传统的"股东价值最大化"目标，将利益相关者引入企业绩效评价，在前人实证研究企业对利益相关者履行社会责任与企业绩效是正相关的基础上，结合我国企业的发展阶段和宏观经济环境，通过识别影响企业绩效的主要利益相关者，分析了企业对不同利益相关者的社会责任特点。并以此为基点，站在企业可持续发展的战略高度，从员工、消费者、债权人、供应商、政府、社区六个角度构建了一个包括财务指标与非财务指标，过程指标与结果指标在内的、多维的，注重企业协调能力的企业社会责任绩效评价体系。为了增加评价体系的科学性和实用价值，本书运用层次分析法、指数函数和模糊数学的有关知识和方法，对指标权重设置，指标无量纲处理问题进行了研究和探讨，解决了具有不同性质，不同计量单位的各项指标之间的可融合性问题。

企业自觉履行社会责任，是促进科学发展与社会和谐的主旨，也是提高企业核心竞争力的现实需要。

编委会

目 录

第一章 企业社会责任与绩效评价的概念阐述

第一节 企业社会责任

在当今世界范围内，企业履行社会责任作为推动企业与社会、环境和谐发展的时代潮流，已经得到政府、社会和企业的高度关注与支持，企业社会责任运动已经发展成为全球化的浪潮。企业是微观经济的主体，在我国落实科学发展观、构建和谐社会的实践中，企业理应承担社会责任。

一、企业社会责任的概念与发展

（一）企业社会责任概念在国外的发展

企业社会责任（Corporate Social Responsibility，CSR），其概念起源于美国，最早由美国学者谢尔顿于1924年提出。他认为企业不能单纯地追求经济利益，企业经营者应该承担满足产业内外各种相关者需要的社会责任。他把企业社会责任与企业满足产业内外人们需要的责任相联系，认为企业社会责任含有道德因素。

"企业社会责任之父"霍华德·R·鲍思（Howard R. Bowen）在1953年出版的《商人的社会责任》（*Social Responsibilities of the Businessman*）一书中第一次正式将企业和社会连接起来，指出企业在追求经济利益的同时，还应该承担应尽的社会责任和义务。在书中，Bowen提出了企业及其经营者必须承担社会责任的观点，将商人社会责任定义为：商人有义务按照社会目标和价值观的要求，进行决策并采取相应的行动满足社会期望。这是第一本对企业社会责任进行系统化和理性化阐述的书籍。虽然Bowen提出的是商人社会责任，且只给出了一个大概观念，没有阐述详细内容，但它的提出仍引发了社会的广泛思考，标志着企业社会责任研究从感性认识向理性研究的系统化的质的转变。

20世纪60年代，Joseph W. McGuire在《企业与社会》一书中写道："企业既应该履行经济及法律上的义务，还应对社会负有另外一些责任，这些责任超过经济及法律范围所规定的责任。"即企业必须像公民一样公正，由此看到了企业伦理和企业公民的雏形。企业社会责任的思想主张公司不仅具有经济和法律方面的义务，而且承担着其他社会责任。

20世纪70年代，西方国家对企业社会责任的讨论开始流行起来。

卡罗尔（Carroll）的社会责任金字塔模型认为，企业社会责任是指社会期望企业在经济、法律、伦理和自愿决定（慈善）方面履行的义务，亦即企业的经济责任、法律责任、伦理责任和自愿责任（慈善责任）之和。其中，经济责任是指公司股东要求投资的合理收益；员工要求稳定且收入相当的工作；客户要求产品质量好且价格公道等。经济责任是企业作为经济单位生存与发展的根本理由与原因，也是履行其他责任的基础。法律责任要求企业遵守法律规定，"遵循游戏规则"，是企业必须履行的责任。伦理责任要求企业行为正确、公正和合理，符合社会准则、规范和价值观。慈善责任包括慈善捐助，为员工及家属提供生活设施，支持当地学校，支持文化体育活动等。Lantos根据不同的企业性质将企业社会责任划分为道德型、利他型和战略型三种类型，并以此为基础建立了由道德责任、慈善责任和战略责任组成的三分类企业社会责任模型。Jamali综合Carroll的金字塔模型和Lantos的三分类企业社会责任模型，提出了企业社会责任"3+2"模型，把企业应该履行的社会责任分为强制性和自愿性两类。在企业强制性履行的3个社会责任，包括经济责任、法律责任、伦理责任的基础上，增加了两个企业可以自由选择的自愿性社会责任，即策略性责任和慈善性责任，通过强制和自愿的结合，实现二者的有机统一。（见图1-1）

图1-1　企业社会责任金字塔模型

美国学者约翰·埃尔金顿（John Elkington）提出"三重底线"理论，认为企业行为要满足经济底线、社会底线与环境底线。满足"三重底线"，不仅是衡量和报告企业的经济、社会和环境业绩，而且包括一系列的价值观、问题和过程，企业要考虑利益相关方与社会的期望，控制业务活动对社会和环境可能产生的不良影响，追求经济价值、社会价值和环境价值的基本平衡。"三重底线"理论提出之后，逐渐成为理解企业社会责任概念的共同基础。即从企业与社会的关系出发，企业要承担最基本的经济责任、社会责任和环境责任。企业不仅要对股东负责，追求利润目标，而且要对社会负责，追求经济、社会和环境的综合价值。

1971年，美国经济发展协会出版的《商业组织的社会责任》一书不仅指出了需要承担社会责任的主体，还阐述了主体所需要承担的社会责任的种类，并用三个同心圆来说明企业社会责任的层级性。在三个同心圆理论中，内圆表示企业需要履行的经济功能的基本责任，包括对股东、员工、消费者和债权人等利益相关者的责任；中间圆表示企业所改变的社会价值的体现，包括生态环境问题、节约能源问题、员工健康问题和满足顾客需求等；外圆则包含企业更大范围地促进社会进步的其他无形责任，如公益捐赠、消除社会贫困和帮助社区发展等。

在企业社会责任问题得到社会广泛关注后，还有其他众多学者对企业社会责任进行了深入研究，提出了各自的定义。

进入21世纪，经济全球化趋势深入发展，履行社会责任日益成为全球企业的共同义务、挑战和追求。包括联合国在内的众多国际组织，分别从不同角度对企业社会责任进行了定义。主要有：

在联合国"全球契约"（Global Compact）中，提出企业履行社会责任，应遵循"全球契约"十项原则，包括人权、劳工、环境和反贪污四个方面。世界银行认为，企业社会责任，是企业与关键利益相关方的关系、价值观、遵纪守法以及尊重人、社区和环境有关的政策和实践的集合，是企业为改善利益相关方的生活质量而贡献于可持续发展的一种承诺。欧盟认为，企业社会责任是指企业在自愿的基础上，把社会和环境的影响整合到企业运营以及与利益相关方的互动过程中。国际标准化组织于2010年11月1日正式发布《社会责任指南》（ISO 26000）。该国际标准认为，组织社会责任，是组织对运营的社会和环境影响采取负责任的行为，即行为要符合社会利益和可持续发展要求，以道德行为为基础，遵守法律和政府间契约，并全面融入企业的各项活动。世界经济论坛认为，作为企业公民的社会责任包括4个方面：一是好的公司治理和道德标；，二是对人的责任；三是对环境的责任；四是对社会发展的广义贡献。从这些定义中我们可以看出，国际组织对社会责任的认识，既有共同认可的内涵，也有不同的侧重和差异。

综上所述，国外许多学者和组织从多个视角、不同方面揭示了企业社会责任的内容，其中具有代表性的是以下3种观点：

第一种观点是把企业社会责任看作一个涵盖各种企业责任的概念，认为企业社会责任其实就是企业责任。这一观点的代表人物以美国佐治亚大学的 Carrol 最为著名。他认为，企业社会责任是社会寄希望于企业履行的义务，社会不仅要求企业实现其经济上的使命，而且期望其能够遵法度，重伦理，行公益。因此，完整的企业社会责任，是企业的经济责任、法律责任、伦理责任和慈善责任之和。

第二种观点是在企业责任这一总概念之下，界定企业社会责任，认为企业责任可划分为经济责任、法律责任、道德责任、社会责任四种。企业的经济责任是企业传统的和固有的责任，它主要以企业股东的利益为关注对象。企业的法律责任是法律明确规定的企业义务。企业的法律责任与经济责任实际上是有交叉的。这一观点对企业担负道德责任的条件进行了深入探讨。对于企业的社会责任，他们认为，其内涵适当与否，关键在于是否有合理边界的存在，企业社会责任的内涵必须承认和尊重企业的其他类型的责任。

第三种有代表性的观点是以外延式的方法对企业社会责任进行界定。美国经济开发委员会在1971年6月发表的《商事公司的社会责任》报告中对企业的社会责任进行了列举，共58种行为，涉及10个方面的领域，它们是：①经济增长与效率；②教育；③用工和培训；④公民权与机会均等；⑤城市改建与开发；⑥污染防治；⑦资源保护与再生；⑧文化与艺术；⑨医疗服务；⑩对政府的支持。对这些社会责任行为，美国经济开发委员会又区分为两个基本类别：一是纯自愿的行为。这些行为由企业主动实施，并由企业自始至终发挥主导作用；二是非自愿性的行为。这类行为主要由政府借助激励机制的引导，或通过法律、法规的强行规定而得以落实。

（二）企业社会责任概念在我国的发展

企业社会责任概念在我国的传播，与我国经济全球化的进程相一致，与跨国公司在中国直接投资规模的不断扩大息息相关。从20世纪90年代中期开始，跨国公司的"工厂守则"运动在中国启动，家乐福、耐克、锐步等跨国公司对其供应商进行社会责任审核。在此阶段，企业社会责任的概念，更多的是等同于《国际劳工标准》，且在相当程度上被认为是发达国家对中国企业实施的贸易壁垒。

20世纪90年代末，中国的理论界，主要是法学界，从法律角度对企业社会责任进行了比较系统的研究。在我国政府提出全面落实科学发展观、构建社会主义和谐社会之后，企业社会责任的概念在我国得到了广泛普及，引起了政府、企业与社会的极大关注。在翻译借鉴国外文献的基础上，社会各界提出了很多大同小异的定义，这些定义一般都采取广义的社会责任观，即企业社会责任包括追求利润目标的股东责任，定义的重点是企业社会责任的具体内容，既要对股东承担责任，也要对员工、用户等其他利益相关方承担责任。

2006年3月，国家电网公司率先发布我国企业首份《社会责任报告》，《社会责任报告》把企业社会责任定义为："企业社会责任，是指企业对所有者、员工、客户、供应商、社区等利益相关者以及自然环境承担责任，以实现企业与经济社会可持续发展的协调统一。"该定义除强调企业要对利益相关方和自然环境承担责任外，还特别强调了企业与社会的互动关系，认为企业履行社会责任有利于实现企业与社会的可持续发展。

我国的学者也对企业的社会责任进行了探讨。王秋丞认为，企业社会责任是企业出于自愿，以积极主动的态度参与社会、解决社会问题，为社会做出贡献。企业处于社会之中，必须承担相应的社会责任。袁家方认为，企业社会责任是企业在生存与发展的同时，面对社会需要和各种社会问题，为维护国家、社会和人类的根本利益而必须承担的义务。这是我国国内学者最早提出的企业社会责任概念，为我国企业社会责任的发展提供了理论基础。刘俊海认为，公司的社会责任在不同的时期有不同的含义，其结合我国国情，指出企业社会责任是指企业不能把实现股东盈利和效益利润最大化作为唯一的追求目标，必须实现所有利益相关者的社会利益最大化。黄瑞荣认为，企业社会责任是指企业作为社会的组成部分，在利用社会资源实现自身发展的同时，必须为了社会的可持续发展而履行的责任，包括保护环境、节约能源、提供高质量的产品和服务等方面。刘连煜认为，企业社会责任是指企业应该满足社会期望，在实现盈利之后，回报社会的行为。

卢代富认为："企业社会责任就是指企业在谋求股东利润最大化之外所负有的维护和增进社会利益的义务。企业社会责任包括对雇员的责任，对消费者的责任，对债权人的责任，对环境、资源保护与合理利用的责任，对所在社区经济发展的责任，对社会福利和社会公益事业的责任。"

陈立勇、曾德明认为："企业利益相关者管理随着社会经济的不断发展和环境条件的变化不断演进。从而企业与包括政府在内的其他社会组织之间社会责任分工的边界也在不断调整。利益相关者管理不仅提高了企业绩效，也使企业在解决失业、环境保护等过去普遍认为应由政府负责解决的社会问题发挥着越来越重要的作用。利益相关者管理理论为以历史、演进的方法研究企业社会责任问题提供了新的视角。"崔迅、刘广程提出："企业的利润和良好的经营条件是与其为顾客、社会、股东和员工提供价值的交换结果。企业价值是由其创造的顾客价值、社会价值、股东价值和员工价值所组成的有机的动态体系。这个价值体系决定了企业获得长期盈利和发展的能力。"

周祖诚指出，企业社会责任是一种综合责任，企业除了承担经济责任，还要承担包括法律责任和道德责任等一系列的社会责任。林毅夫则认为，企业在追求利润时将会影响社会其他个体，企业履行社会责任是在社会压力下将企业行为的负外部性内部化的过程，是一种被迫行为，并认为企业作为社会公民的一种，和其他类型的公民一样都对社会负有伦理道德义务。万莉、罗怡芬认为，我国对企业社会责任的认识较为模糊，并且只看到企业社会责任给企业造成社会成本的负担，而没有看到企业社会责任给企业提供的发展机会。

田虹认为："企业的社会责任取决于它有哪些密切的利益相关者，企业承担社会责任都是要满足这些利益相关者的愿望和要求，实现利益相关者对企业的满意。"

刘力钢、李辉通过探讨企业承担社会责任的主体对象、原因及路径，基于模型分析得出了 CSR 弹性边界，结论认为企业社会责任的对象可以概括为企业的利益相关者，其博弈结果使得企业社会责任的边界弹性化。李晓丹对 CSR 的概念界定为，CSR 是指企业除实现自身利润最大化、对投资者负责外，对其员工、消费者、债权人、社会环境（包含自然生态环境和社区人文环境）和社会弱者等利益相关者也应承担相应的法律责任和道义责任。尹开国等则基于利益相关者的角度对 CSR 的内涵、原因、方法途径、激励因素等问题进行了讨论。余澳、朱方明、钟芮琦基于既有理论和相关分析前提，通过对企业社会责任性质及边界相关文献的梳理整合，结合国内外代表性的观点归纳出了当前企业社会责任概念的分歧。他们从这些具有争议的方面入手，进一步阐释了企业社会责任的内涵与特征。与有关企业社会责任的其他观点不同的是，他们不否认企业的目标是追求企业自身价值最大化，而是基于这一前提提出了企业社会责任的概念：企业社会责任是指企业在实现企业最终目标的过程中尽力提高社会总体利益而应承担的责任。李伟阳、肖红军通过对多种 CSR 逻辑起点的追溯，总结了学者基于不同视角、不同学术背景以及不同方法对企业社会责任内涵定义的研究，在此基础上提出了企业社会责任的"元定义"。这一"元定义"的提出，不仅有利于人们在对企业社会责任内涵定义的理解上达成共识，还为学者进一步探讨企业社会责任的内涵定义提供了新的参考。戴锦、陈亚光从"责任"的核心概念出发，通过对责任与企业责任概念的深入分析提出了企业社会责任的 IUO 分析范式，深入讨论了几种主流企业社会责任概念学说，并在此基础上提出了对于企业社会责任内涵的独特见解，重点指出了企业社会责任是企业向股东之外的其他社会成员履行的与道德规范有关的责任。

综上所述，虽然国际上没有统一的关于企业"社会责任"的定义，但人们达成的共识是：从广义上讲，企业社会责任是指企业对社会合乎道德的行为。基本定义是：企业社会责任就是"取之于社会，用之于社会"。从本质上讲，企业在履行社会责任时应做到以下 3 点：

一是认识到企业开展的活动会给当地社会造成广泛影响，而社会的发展反过来又会影响企业追求成功的能力。

二是企业在全球范围的商务活动应在经济、社会、环境和人权等方面产生积极影响，企业的商务活动为其自身和当地社区带来的声誉必然给企业带来丰厚的回报。

三是企业应通过与当地社区、公益机构、政府和其他团体、组织的密切合作，获得上述利益。社会责任不是单纯只搞一些活动，要理解发展与社区市场环境的关系才是唯一的准则。

目前，我国对企业社会责任概念的研究取得了较大的进步，初步取得了共识，即一致认为企业社会责任，是指企业在对所有者负责、追求利润目标的同时，还要对员工、用户、伙伴、社区、政府等利益相关方负责，对自然环境及子孙后代负责，追求可持续发展。

（三）企业对利益相关者的社会责任

企业社会责任是指企业自主性的行为对利益相关者、社会及环境造成或可能造成不利的影响时，应持有的公正倾向和自省纠偏意识，从而要求企业给予补偿、履行行为的义务。现代企业契约理论认为，企业是在契约的基础上结成的人与人之间的行为制约与利益调和的关系体，而契约理论的前提仍然是产权理论。在企业产权明晰的特征下，以物质资本所有者为轴心，以产权基础上的契约关系为纽带，以企业行为影响为判断标准，企业主体的独立性行为对契约关系及交易关系中各个利益主体及外界环境均会造成非平等性或非对等性影响。因此，从企业行为主体的角度和企业产权控制特征来看，企业的社会责任表现为企业对股东的社会责任、企业对员工的社会责任、企业对环境的社会责任、企业对消费者的社会责任、企业对所在社区的社会责任、企业纳税的社会责任、企业捐款的社会责任等。

1.企业对股东的社会责任

企业与股东的关系也可以说是企业与投资者的关系，是企业内部关系中最主要的内容。企业首要的责任是维护股东的利益，承担起代理人的角色，保证股东的利益最大化，这是最基本的东西。随着市场经济的发展，出现了越来越多的投资主体和形式，企业与投资者的关系逐渐变为企业与社会的关系，因而企业对投资者的责任也就具有了社会性。企业对投资者的社会责任主要表现在以下3个方面：

一是对投资者的资金安全和收益负责任。投资者投资于企业，目的就是通过企业的经营得到丰厚的回报，这也是投资者的最基本的期望。企业所从事的任何投资都要考虑能否给投资者带来利润。如果随意将投资进行不负责任的使用，那将严重损害投资者的利益。

二是企业要向投资者提供投资、经营等方面的真实信息。企业不得隐瞒、谎报企业信息，必须如实向投资者提供企业的经营业绩、市盈率、资产收益率、资产负债率等情况。对任何欺骗股东的行为，企业都要负道德和法律双重责任。

三是企业对投资者的法律责任，包括遵守国家的各项法律、法规和政策。企业违背了法律的规定，侵犯了投资者的权益，是对投资者严重的不负责任。

2.企业对员工的社会责任

员工是企业最宝贵的财富之一。企业对员工负责，员工才会对企业负责，因此保护员工的就业稳定，给予合理的薪酬和福利，提供增长才干的机会，帮助和促进员工个人发展是企业不可推卸的责任。企业如果能够负责地承担起对员工的社会责任，对于企业的持续发展是重要的保障。企业与员工之间最基本的关系是建立在契约基础上的经济关系，此外还有一定的法律关系和道德关系。企业对雇员的基本经济责任和法律责任是企业必须履行的伦理底线，企业在这方面对雇员的责任有：保证雇员的劳动保持权、休息休假权、保险福利权、就业择业权、安全卫生权和教育培训权等。这需要企业为员工提供安全、健康的工作环境，为员工提供平等的就业机会、升迁机会、接受教育机会，为员工提供民主参与企业管理的渠道，为员工提供自我管理企业的机会，等等。

3.企业对环境的社会责任

2015年1月1日起，历经25年四次审议修改的《中华人民共和国环境保护法》正式施行。这是党中央、国务院深刻分析21世纪新阶段的形势和任务做出的重大决策。企业与环境的关系如同鱼与水的关系，二者谁也离不开谁。自工业革命以来，人类跨入了现代文明的殿堂，但是随之而来的一系列环境问题不得不引起人类的深刻反思。环境污染、全球变暖、酸雨、土地荒漠化、资源匮乏、臭氧层空洞等诸多问题成为困扰现代文明的一大顽疾。以上问题在全球范围内已经得到了各国的共同关注与重视。而引起以上问题的最根本原因，都直接或间接地与企业有一定关系，甚至是直接关系。因此，在治理和保护人类生存环境方面，企业肩负着不可推卸的责任。要承担环境责任，企业一定要能够有所作为。首先，要树立人与自然和谐的价值观，努力做到尊重自然、爱护自然、合理地利用自然资源；要从产品的原材料到成品，再到成品使用周期结束之后怎样处理等问题上全面承担责任，也就是从头到尾负责。其次，依靠科技进步保护环境。要利用科技手段节能、降耗、治污，利用科技进步来推进环境保护。最后，全面提高员工的环保意识。要积极向员工宣传环境保护对于企业长远发展的意义以及企业对环境保护的社会责任。要正确处理好生产、效益与环境保护的关系，让员工真正地理解和认识到环境保护工作的重要性，从而形成他们的良好习惯和自觉行为，特别是在生产过程中要严格按操作工艺执行，防止生产、基建和检修过程对环境造成破坏，使企业努力成为绿色企业。

4.企业对消费者的社会责任

企业消费者是指购买了企业产品的社会成员，包括潜在的消费者和现实的消费者。企业要从消费者身上得到利益，企业追求的利润最大化也要通过消费者实现。但是如果企业过分追求从消费者身上得到的利润，不能够为消费者提供相应的产品，则企业最终会失去消费者。企业与消费者是对立统一的矛盾关系。企业越是善待消费者，越是具有更强的竞争力。所以企业要善待自己的消费者，全面尊重消费者的一系列权益，及时对消费者关注的问题、价值和目标做出反应和调整，及时按照消费者需求调整自己的经营思路和市场营销战略，注重在降低生产和交易成本的同时，尽可能地向消费者提供更多的实惠、便利和承诺。企业对消费者的社会责任集中体现为对消费者权益的维护。按照《中华人民共和国消费者权益保护法》，消费者有安全的权利、知情的权利、自由选择的权利和听证的权利这四种权利。企业对消费者的社会责任具体表现为：向消费者提供安全可靠的产品，尊重消费者的知情权和自由选择权，使消费者尽可能多地了解企业的产品，在公平交易的前提下自由地选择产品，等等。

5.企业对政府的社会责任

企业纳税的社会责任、企业捐款的社会责任等可以归为企业对政府的社会责任。企业是国家、社会的重要组成部分；政府作为管理者对企业这个社会成员实施宏观上的管理、控制和组织协调，保证社会秩序的良性循环。企业对政府的社会责任表现为依法经营，依法纳税，同时积极支持政府的社会公益活动、福利事业、慈善事业，服务社会等，发展卫生保健事业，发展教育事业，发展养老事业，缩小贫富差距，为特殊人群提供就业机会，促进科技进步，积极参与预防犯罪，倡导良好的社会公德，履行企业捐款的社会责任。

6.企业对所在社区的社会责任

企业与所在社区之间是一种相互交叉的关系，二者相互影响，不可分离。建立和谐的企业与社区关系对企业的生存发展和社区的进步繁荣具有重要意义。企业应为所在社区提供就业机会和创造财富，还要尽可能地为所在社区做出贡献，改善社区环境、提高社区生活质量。通过此类活动，不仅回报了社区和社会，还为企业了树立良好的公众形象，同时可以作为企业的无形资本在企业的经营中带来巨大的效益。

二、企业社会责任的具体内容

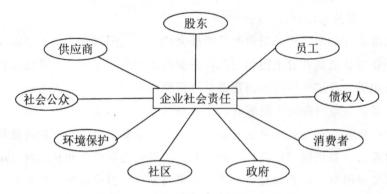

图 1-2　企业社会责任的九个维度

图1—2归纳并且总结专家学者的观点，结合经济社会发展的规律，可以将企业社会责任的具体内容分解为九个维度，即对股东的责任、对债权人的责任、对政府的责任、对社区的责任、对社会公众的责任、对供应商的责任、对消费者的责任、对环境保护的责任、对员工的责任。其中，股东与员工属于内部利益相关者，债权人、政府、社区、社会公众、供应商、消费者属于外部利益相关者。

（一）对股东的责任

这是企业最基本的社会职责。企业应为投资者提供较高的利润和企业资产的保值与增值，以确保投资者（尤其是中小股东）的利益，这是企业履行其他社会责任的物质基础和条件。企业有责任向投资者提供有吸引力的投资回报，并将其财务表现准确及时地报告给投资者，错报或假报财务记录都将危害与投资者之间的诚信，任何欺骗投资者的行为都是市场经济法制所不容许的。

（二）对员工的责任

员工为企业提供了人力资源，所以员工是企业利益相关者体系的构成之一。企业应对员工的安全、福利、教育等方面承担义务，公平分配企业利润，保障员工合法的收入权益，创造良好的工作环境。首先，企业应对员工的工作安全和健康负责，并为其提供基本的生活保障。其次，企业应负起对员工技能培养和素质提高的责任。最后，企业还应使员工在公司治理中享有充分的权利。充分尊重员工，发挥其积极性和创造性，包括听取并尊重员工的意见，加强民主管理，尽可能地让员工参与决策过程，创造和谐的工作环境，对工作完成得好的员工予以奖励等。

（三）对消费者的责任

消费者认可、购买企业产品，为企业创造了价值，所以消费者在企业利益相关者中扮演着重要角色。消费者主要关注产品的质量和价格，所以企业对消费者的责任主要体现在提高产品质量，为顾客提供满意的服务，并尊重消费者的知情权和选择权。消费者由于缺乏对产品生产过程的参与及相关知识，在产品适用性与安全性方面存在信息不足。而消费者又是企业产品的接收者和使用者，其生活水平受到企业所提供的产品的品种、质量、价格等因素的极大影响。同时对企业来说，消费者是企业的最大效益来源，吸引消费者也是出于企业追求利润的要求。因此，企业对消费者的责任是企业社会责任的一项重要内容。

（四）对债权人的责任

债权人为企业提供了信贷资金，在利益相关者中也扮演着较为重要的角色，企业不得为了股东的利益而损害债权人的利益。国有企业对债权人的责任还表现为一种抽象的责任，即要求国有企业合法、善意、无过失的交易行为。强调国有企业的该项责任有利于解决改革中企业三角债、对银行的债务等难题。

（五）对环境保护的责任

企业的存续和发展离不开一定的自然环境，并对环境造成一定的影响，所以企业应当对环境保护承担一定的责任。为了提高人们的生活质量，保障人类的生存和可持续发展，企业在生产活动中，应树立环境保护意识，加大对环境保护的投入，采取有效措施尽量控制和消除生产活动对生态环境的影响，积极研制、开发和生产绿色产品，从高碳模式转变为低碳模式，减少污染物排放和碳排放，提高资源的使用效能，实现经济、社会与环境的可持续发展，担当起保护环境维护自然和谐的责任。

（六）对社区的道德责任

企业总是存在于一定的社区中，从以往的经验来看，企业对其所在的社区经济有着很大的影响力，而周边治安、基础设施等方面的保障反作用于企业发展。因此，企业应充分考虑社区的利益，协调好自身与社区的关系，积极参加社区活动，并资助社区公益事业和公共工程项目的建设。设立专门机构或指定专人协调公司与社区的关系，并为社区就业与人员安置做出贡献。企业对社区的责任是一种道德上的参与和协助责任，社区经济发展仍是社区自身的责任。

（七）对社会公众的责任

社会公众是企业潜在的投资者和消费者，为企业提供了重要的关系资源，属于潜在的利益相关者，而在现代网络媒体发达，信息传播迅速的时代，一条不利于公司发展的负面新闻将可能导致公司陷入经营困境，因此，企业应树立良好的社会形象，赢得公众的认可。企业应该积极参与对慈善基金会、科研教育机构、养老院的捐赠，该项责任应基于企业的自愿，作为一种道德义务，受到国家和社会的褒扬。

（八）对政府的责任

政府为企业正常经营提供了积极的政策和稳定的环境，因此企业有义务承担政府的责任。企业应按照政府相关法律法规的规定，照章纳税和承担政府规定的其他责任义务，并接受政府的依法干预和监督，不得逃税、偷税、漏税和非法避税。

（九）对供应商的责任

供应商为企业提供原材料，为企业进行生产提供了物质基础和保证，同时材料成本的高低直接决定了企业利润的大小，所以供应商是企业重要的利益相关者之一，企业对供应商的责任主要体现在及时偿还所欠账款，正常履约。

企业社会责任表现，见表1-1。

表1-1　企业社会责任表现

利益相关者	内容
股东	①保障股东收益及增长 ②保障股东权益，预防股票和利益的内部交易 ③信息披露真实、及时
员工	①依照《劳动法》的规定，保证员工就业和择业权、劳动报酬权、休息休假权、劳动安全卫生权、职业技能培训权、社会保险福利权等 ②为员工提供民主参与企业管理的渠道和机会，重视员工的意见和要求
消费者	①向消费者提供安全可靠的产品 ②尊重消费者的知情权和自由选择权 ③提供优质的售后服务 ④抑制哄抬物价
供应商	①遵守契约内容，合法、善意地交易 ②公平交易，保证供应商的合理权益
社区	①积极参与社区建设和社区的公益活动 ②利用自身优势吸收社区人员就业 ③扶持社区的教育事业，改善社区的经济状况，保护社区环境等
政府	企业必须按照法律、法规的规定，照章纳税和承担政府规定的其他责任义务，接受政府的干预和监督，不偷税、漏税和逃税

续表

利益相关者	内容
环境保护	①合理利用资源 ②履行环保义务，减少环境污染，对其造成的资源浪费和环境污染承担治理责任
债权人	①恪守合同要求，严格执行合同，按期还本付息，为债权人提供借贷安全 ②保持企业良好的信用与商誉，增加企业的效益
社会公众	积极参与对慈善基金会、科研教育机构、养老院等的捐赠，树立良好的社会形象，赢得公众的认可

三、企业社会责任的影响因素分析

中国企业履行社会责任时不能照搬西方的社会责任理论与实践，必须探索"中国特色"的社会责任体系。

按照制度经济学家诺斯（Douglass North）的定义：制度是人类创造的约束条件，它们为政治、经济和社会交往提供了结构，这就是"制度结构"。这种结构分为两类，一类是正式制度或规则，另一类是非正式制度或规则。正式制度是指政府、国家或统治者等按照一定的目的和程序有意识创造的一系列的政治、经济规则以及契约等法律法规，以及由这些规则构成的社会的等级结构；非正式制度是指人们在长期实践中无意识形成的，具有持久的生命力，并构成世代相传的文化的一部分，包括价值观念、伦理规范、道德观念、风俗习惯及意识形态等因素。

（一）硬环境约束

第一，政治制度约束。在西方发达国家，社会责任运动的主要推动者是非政府组织而不是政府。然而在中国，情况则完全不同，非政府组织尚处于起步阶段，其影响力还远远不够，因此政府就成了推动社会责任运动的主导力量。早在2006年，党的十六届六中全会审议通过的《中共中央关于构建社会主义和谐社会若干重大问题的决定》就对企业履行社会责任提出了明确要求；2008年国资委发布《关于中央企业履行社会责任的指导意见》，第一次通过系统性、纲领性文件对我国中央企业履行社会责任提出要求；商务部在2008年发布的《外商投资企业履行社会责任指引（草案）》中为外企在中国履行社会责任设立了底线标准。在地方政府层面，深圳市、广东省、山西省、上海市等都积极推进企业社会责任，促进本地区的企业社会责任推进工作。而国有企业和中央企业作为国有经济的重要组成部分，是带头执行政府政策的主导力量。

第二，法律制度约束。1994年颁布的《公司法》虽然没有明确提出要求企业履行社会责任，但是该法在很多方面都体现了社会责任的理念，如第十四条规定的公司从事经营活动，必须遵守法律，遵守职业道德，加强社会主义精神文明建设，接受政府和公众的监督，第十五条规定的保护职工合法权益，加强劳动保护，实现安全生产等。2006年修订后的《中华人民共和国公司法》在第五条中将履行社会责任正式纳入了该法律体系当中。另外，《中华人民共和国劳动合同法》《中华人民共和国节约能源法》《中华人民共和国循环经济促进法》和《中华人民共和国反垄断法》等都或多或少地涉及了企业社会责任的内容。然而，不可否认的是，有些法律对于企业社会责任的规定会出现内容上的界定不明确等问题，往往容易导致不同的利益相关者对法律产生不同的甚至是模棱两可的理解，从而导致企业在履行社会责任时产生扭曲的社会责任实践。

第三，经济制度约束。我国实行以公有制为主体，多种所有制经济共同发展的基本经济制度。国有企业和其他所有制企业的区别就在于国有企业还承担着实现国有经济功能的目标。因此，"国有企业自诞生之日起就担负着国家责任、社会责任之使命，这是由国有经济制度这一制度安排内生决定的"。另外，国有企业大多处于关系国家安全和国民经济命脉的重要行业和关键领域，在我国经济社会发展中发挥着举足轻重的作用，所以国有企业还必须在履行社会责任时起表率作用，承担起比一般企业更高和更多的社会责任。再有，上市公司作为"公众公司"，其资金来源于社会公众，社会影响大，也应承担起比一般企业更高和更多的社会责任。

（二）软环境影响

1.企业领导者的影响

企业领导者作为企业经营的控制人，因其职权或个人影响全会对组织战略的制定与实施产生直接或间接的影响，因而，领导者的社会责任取向会对企业社会责任行为表现产生显著影响，这种影响是全方位的、深层次的。如果将领导者的社会责任取向进一步分为态度和行动两个维度来考察，能够对企业社会责任行为实际表现水平产生直接影响的是领导者对企业社会责任的参与行动，包括行动计划制订、资源分配和活动过程监督等。如果企业领导人缺少实际参与行动，那么领导者对于企业社会责任的取向便不会受到重视和执行。

2.组织特征的影响

国外学者主要研究了公司规模、财务杠杆、行业类型等组织特征对企业社会责任的影响。

一些学者研究了企业规模与企业社会责任的关系。例如，Baneijee在研究企业环保理念时发现，规模不同的企业社会责任活动存在差异。Lepoutre和Heene则研究了企业规模对小企业社会责任的影响，发现大企业与小企业相比能见度高，更容易受到社会的关注，其责任压力更大，从而社会责任表现更好。此外，大企业拥有更多的资源，理解和处理问题的能力更强，有利于实现企业社会责任。但是，另有一些学者的研究对此结论并不支持。如杨春方以我国企业为样本研究了企业规模与企业社会责任水平的关系，发现规模并不能对企业的社会责任行为产生显著的影响。因此，企业规模与社会责任可能存在更复杂的关系还需要进一步研究。财务杠杆的影响可以从两个方面分析。从企业能力角度来看，一个企业资产多负债少，则不会因为企业偿债能力不足而影响企业社会责任的履行；从资本市场角度而言，负债率越高的公司，股权越容易集中于少数股东手中，导致企业的社会责任意识减少。此外，不同类型的行业特征，企业表现出的社会责任行为存在差异。行业特征，在企业社会责任的研究中可划分为"消费者接近"型和"环境敏感"型，前者如商业服务机构在经营中更关注企业产品的改进和消费者满意度，而后者如冶金、采矿等企业则更关注环境问题。同时，企业所有制形式也会对企业社会责任产生影响。Matten 和 Moon 描述了外部制度压力对企业社会责任的影响，企业性质在其框架中作为一项影响因素被提出。吴蜀院基于利益相关者理论研究了股权结构对企业社会责任的影响，发现国有股比例越大，企业社会责任的履行情况越不好。

3.制度文化背景的影响

Visser 基于 Carroll 金字塔模型研究非洲国家对于企业社会责任的认识，发现非洲国家与欧美发达国家对于企业社会责任的认识存在差异：在非洲研究背景下，企业四种社会责任的排序从低到高依次为：经济责任、慈善责任、法律责任和伦理责任。王静和万鹏研究发现，我国传统文化导致人们并不会主动地把经济效益归为企业社会责任的范畴，Carroll 金字塔模型的四种责任的层次在中国呈现不同顺序。杨帆等借助 Aupperle 企业社会责任导向（CSRO）量表对长三角都市圈的管理者进行调查，发现不同性别的中国管理者在企业社会责任导向方面有显著差异，而传统文化对现代人潜移默化的影响，是造成这种差异的最重要原因。这些研究提示我们，制度文化背景不同，价值观将存在差异，企业社会责任取向将会出现差异。

四、中国企业承担社会责任的现状

20 世纪 90 年代末以来，全球范围内都强化了公司责任。随着我国加入世界贸易组织，企业的社会责任运动也逐步在我国开展起来，并产生了越来越重要的影响。特别是进入 21 世纪，我国提出科学发展观的战略思路，转变经济增长方式，建设和谐社会，中国企业社会责任现状有了较大转变，主要体现在以下 5 个方面。

（一）承担社会责任的企业增多，形成了各种所有制企业共同承担

的格局

随着中国企业的所有制结构由公有制企业一统天下的格局演变成为多种所有制并存的格局，中国企业的社会责任也随之演变为由各种所有制企业共同承担的格局。但是，各种所有制企业所承担的社会责任是不均等的。总体上讲，国有企业对社会责任承担得较多也较好，而其他所有制企业的承担状况相对较差，特别是个体、私营企业存在很多逃避社会责任的现象。

（二）为适应国际新规则，企业遵守"工厂守则"，参与 SA 8000 认证

海外劳工组织和跨国公司，针对中国的劳工问题，制定了专门的"工厂守则"，要求中国出口加工企业遵守。例如，美国国际劳工权利基金会（LIRF）、全球交流组织（Global Exchange）等21个劳工组织、消费者组织、人权组织联合起草，有多家跨国公司签署了"中国商业原则"，宣称："我们要确保我们在中国的商业活动尊重国际劳工组织（ILO）制定的基本劳工标准、联合国《经济、社会及文化权利国际公约》规定的基本人权标准、中国政府签署的《公民和政治权利公约》以及中国法律。"而从事企业社会责任认证的国际组织，也都相继在中国登陆。从20世纪90年代中期以来，中国沿海地区的数千家作为跨国公司供货商的企业，已经接受过跨国公司的社会责任检查。

（三）政府、企业对企业社会责任越来越重视

《中华人民共和国公司法》（2005年）与《中华人民共和国合伙企业法》（2006年）均引进了企业社会责任这一理念，比如，新修订的《中华人民共和国公司法》第五条明确要求公司从事经营活动，必须"承担社会责任"。这在世界商业组织发展史上创造了两个第一：中国成为世界上第一个从法律上对企业承担社会责任做出明确规定的国家；中国企业法（包括《公司法》和《合伙企业法》）成为世界上最先对企业承担社会责任进行强制性规定的两部基本商事法律。由商务部《WTO经济导刊》杂志社发布的中国企业社会责任调查报告显示：63%的受访企业打算更深入了解企业社会责任，47%打算将企业社会责任列入长远发展策略，不关心企业社会责任的为零。该组数据反映出有的企业对企业社会责任越来越重视，打算更深入了解企业社会责任，甚至将企业社会责任列入长远发展策略。

（四）企业对公益事业的关心有所增加

中国企业越来越热心于公益事业。中国企业社会责任调查报告显示，10%的受访企业经常有公益捐款，71%的企业有过公益捐款，19%没有过公益捐款。正如中国科学院研究员茅于轼指出：各种慈善活动也格外活跃。特别是印度尼西亚海啸造成15万人的死亡后，我国国内掀起了前所未有的国际赈灾活动。

（五）中国企业社会责任的动态

2008年，中国共有包括在华外资企业在内的190多家公司发布了《企业社会责任年度报告》，而2006年仅有19家企业发布《企业社会责任年度报告》，短短两年内发布《企业社会责任年度报告》的在华企业增长了近10倍。2008年1月4日，国务院国资委发布了《关于中央企业履行社会责任的指导意见》（以下简称《指导意见》）。《指导意见》是第一个对中央企业履行社会责任提出要求的系统性、纲领性文件，得到联合国秘书长潘基文的高度评价。2008年4月2日，《中国工业企业及工业协会社会责任指南》和《关于倡导并推进工业企业及工业协会履行社会责任的若干意见》发布。该指南由中国工经联与中国煤炭等11家工业行业协会联合发布，面向各家会员企业，影响范围广，有利于我国工业企业全面推进企业社会责任建设，对我国工业健康发展，建设资源节约型、环境友好型社会具有重要意义。2009年以来，《WTO经济导刊》、责扬天下（北京）管理顾问有限公司和北京大学社会责任与可持续发展国际研究中心每年对中国大陆发布的各类社会责任报告进行全面的收集、整理、统计、分类和入库。从报告的结构参数、技术参数和主体参数三大类别、16个方面的参数对报告进行定位和分类，从报告的结构完整性、报告可信性、报告可读性、绩效可比性、报告创新性和内容实质性六个维度对中国大陆2012年前10个月发布的社会责任报告进行评估和分析，依据"金蜜蜂企业社会责任报告评估体系"对报告进行了系统评估和研究，相继完成了《中国企业社会责任报告研究（2001—2009）》《中国企业社会责任报告研究2010》和《金蜜蜂中国企业社会责任报告研究2011》《金蜜蜂中国企业社会责任报告研究2012》《金蜜蜂中国社会责任报告研究2013》，引起了社会各界的广泛关注和重视，得到了许多积极反馈和支持。上述组织和机构将为社会各界了解中国企业社会责任报告最新发展状况和趋势提供交流和展示的窗口和平台，推动中国企业和非企业组织更好地发挥社会责任报告在传播理念、提升社会责任管理、树立形象方面的重要价值，助力中国先进企业和组织进一步提升社会责任报告编制水平，更好地实现可持续发展目标。

2008年4月30日，国家电网在天津电力公司启动全面社会责任管理试点工作。同年11月13日，国家电网获美国《财富》杂志2008年全球100强企业社会责任最好排名，较2007年度提升了14位，获得中国企业历史最好成绩。2008年5月12日，四川汶川大地震震惊世界，中国各界纷纷积极捐款抗震救灾，引发了社会责任大讨论。此次大地震连同2008年初的冰雪自然灾害，激发了中国企业的社会责任意识，考验着企业的社会责任观，引发了企业社会责任大讨论。2008年5月13

日，上海证券交易所发布了《关于加强公司社会责任承担工作的通知》（以下简称《通知》）和《上海证券交易所上市公司环境信息披露指引》（以下简称《指引》），以引导各上市公司积极履行社会责任。《通知》和《指引》的发布，有助于上市公司在关注自身经济效益、保护股东利益的同时，积极承担社会责任，在转变企业运作模式、促进社会可持续发展方面发挥表率作用。《通知》首次提出"每股社会贡献值"概念，是公司价值全面评估的一个创新。2008年9月，中国移动通信集团公司入选2008年道琼斯可持续发展指数（DJSI）榜，成为中国大陆首家入选DJSI的公司。DJSI是道琼斯公司推出的全世界第一个可持续发展指数，是全球社会责任投资的参考标杆之一。进入DJSI标志着中国移动经济责任、社会责任和环境责任的全面协调可持续发展。2008年11月29日，浦东新区的《企业社会责任导则》经上海市质量技术监督局发布，上升为上海市地方标准，并自2009年1月1日起实施，在全上海市推广。这是我国第一个企业社会责任的地方标准。2008年12月9日，中国银行业协会组织包括主要商业银行和农村信用社在内的51家会员单位编写的《中国银行业2007年度社会责任报告》发布。

由中国社会科学院经济学部企业社会责任研究中心编著的2013年《企业社会责任蓝皮书》显示：2009年以来，中国100强系列企业社会责任发展指数以两位数的速度持续增长，国企100强持续领先于民企100强、外企100强，且优势不断扩大；2013年，外资企业实现了对民营企业的"赶超"；国有企业中，中央企业社会责任发展指数持续增长，目前居于领先地位，国有金融企业指数缓慢增长，近两年，地方国企指数高速增长；五年来，国家电网、南方电网、中国石化等10家企业的社会责任发展指数持续居于100强系列企业的前30位，这10家企业一直重视社会责任管理体系建设和社会、环境信息披露，引领中国企业社会责任的发展。

《企业社会责任蓝皮书》还指出，2009年，中国企业社会责任发展指数首次公布，当年指数为15.2分，整体处于旁观者阶段。2012年，发展指数得分为23.1分，整体从旁观者阶段进入起步者阶段。到2013年，指数增长到了26.4分，五年的平均增长率为18.4%。五年来，国有企业100强社会责任发展指数一直领先于民营企业100强和外资企业100强，随着国有企业100强社会责任发展指数持续增长，领先优势在逐步扩大。2009年，外企100强的得分低于国企100强和民企100强，此后，部分外企重视在华的社会责任管理体系建设，加大社会/环境信息披露，推动外企100强社会责任发展指数持续增长，并于2013年超越民营企业。

五、国际企业社会责任实践发展趋势对我国的启示

经济全球化促进了跨国公司的迅速发展，跨国公司是世界经济活动的主体和主导者，是世界经济中集投资、贸易、金融、服务等功能于一身的特殊主体。20

世纪70年代以来，跨国公司通过在境外大量投资建厂，将劳动力需求大和污染严重的产业向发展中国家转移。在所在国法律不健全或为了经济发展放松监管的情况下，跨国公司不惜一切代价实现利益最大化，造成当地环境严重污染并极端损害当地劳工权益。随着问题的日益严重以及世界范围内企业社会责任意识的觉醒，20世纪90年代，国际范围内开展了对跨国公司非法行为的批评，要求跨国公司在追求经济利益的同时，必须承担起相应的社会责任。跨国公司出于社会压力和自身长远发展的考虑，先后展开企业社会责任建设，国际范围内的企业社会责任建设浪潮蓬勃开展。

（一）构建多种力量共同推动企业履行社会责任的良好机制和社会氛围

推动企业社会责任的开展是一项系统工程，需要社会各种力量参与到推动活动中来，共同行动起来。从国际社会责任运动的发展看，政府、行业和企业组织、企业、消费者等力量从不同的角度出发，在推动社会责任发展中发挥了重要作用，推动我国企业社会责任的发展也要充分发挥各方面的作用，形成推动企业社会责任发展的合力。政府应当结合我国实际，注重企业社会责任的引导和管理，通过制定政策法规、建立健全机制推动企业社会责任的开展；行业组织和企业组织要发挥引导、指导和服务作用；工会组织在维护职工合法权益、改善工作条件等方面要发挥促进作用；消费者组织要积极倡导责任消费，促进企业履行社会责任；企业特别是大型企业，要提高对社会责任问题的认识，树立社会责任理念，增强履行社会责任的主动性，发挥在社会责任发展中的带动作用。

（二）企业必须站在战略高度认识社会责任的重要性

从企业社会责任发展看，跨国公司已经把社会责任从企业自愿履行的一种行为提升到企业战略高度，把实施企业社会责任战略作为企业提升国际竞争力的重要手段。从长期看企业积极履行社会责任，可以提高生产效率，提升产品质量，增强企业凝聚力，吸引责任消费，取得更好财务绩效，吸引责任投资，赢得更大发展机遇，增强供应链竞争力，有助于企业实施与控制价值观，帮助企业避免风险，促进企业的持续发展。我国企业特别是中央企业要从提升国际竞争力、构建社会主义和谐社会、实现企业持续发展的高度，重视企业社会责任工作，把企业社会责任内化为企业发展的需要，通过实施社会责任战略，提高企业的可持续发展和竞争能力。

（三）重视社会责任标准的研究制定工作

社会责任已成为国际社会关注的热点，不论是各个国际组织、区域性组织，还是各国，都投入较大的人力物力开展社会责任的研究；无论是多边会谈，还是双边合作，都会涉及社会责任问题。在推行社会责任过程中，各种力量纷纷提出各种社会责任原则、倡议和标准，社会责任标准成为推动社会责任发展的重要手段，企业社会责任发展标准化趋势对我国可能产生较大影响，我国应加大社会责任标准研究制定工作力度。一方面应积极参与社会责任国际标准制定工作，提高我国在国际标准制定中的话语权和影响力；另一方面要结合我国经济社会发展的实际情况和企业实际，加强政府有关部门与企业的沟通和合作，开展适合我国国情的社会责任标准研究工作。

（四）亟须树立社会责任理念

从惠普、沃尔玛这些大型跨国公司企业社会责任建设的成功案例中我们可以发现，大多跨国公司都有自己的一套独特完整的企业社会责任理念，以此为基础指导企业的社会责任建设并取得了优异的成绩。而我国企业对社会责任认识不足，理解偏差，刻意逃避，造成社会责任建设严重落后，尤其是国有企业，规模巨大，影响深远，表现之差引起了社会强烈不满。因此必须尽快建设符合企业自身条件的社会责任理念，用理念指导行动。充分借鉴国外企业已经进行了多年的探索和积累的经验，以及社会责任理念的内涵，积极学习，要取其精华并结合企业自身性质和我国特殊国情构建具有企业特色的社会责任理念，并用我国社会实践进行检验，不断完善和进步，从而构建科学可行的企业社会责任理念。

（五）大企业应该起到示范和表率作用

综观企业社会责任建设历史，我们不难发现，大型企业尤其是跨国公司在全球企业社会责任建设中的带头示范作用举足轻重。企业越大，责任就越大，外部环境的监督也越强。为了企业的长远发展，大型企业被迫将企业社会责任纳入整体经营考虑的范畴，而在专业分工日益细化的情况下，跟随大企业的若干中小企业在其要求或外界推动下也将参与进来。可以说，大企业的行业地位及社会影响力使企业的社会责任建设影响扩大化、深远化。在我国，企业社会责任建设之所以一直被企业忽视，就是因为大企业并没有起到相应的示范作用，甚至带头逃避社会责任建设，起到了极坏的带头作用。所以，国内大企业尤其是国有企业必须带头进行社会责任建设，并用社会责任理念决策合作伙伴的选择，使得中小企业也必须进行社会责任建设，进而带动整个行业的社会责任建设。

（六）积极与国际企业社会责任标准接轨

随着发达国家对企业社会责任建设的要求越来越高，在国际贸易中都写入了相应的企业社会责任考查细则，不合格的企业将会遭受严厉制裁。由于发达国家的贸易主导地位，这些标准和条约已经对发展中国家的企业提出了严峻挑战，企业的生产经营和产品质量等如果不符合标准就被驱逐出国际市场，这已经对很多产业造成了致命打击。尤其是 SA 8000 的出台，被很多人看作新的贸易壁垒而强烈反对，但我们必须看到这是国际社会发展的必然趋势，是企业新的国际竞争力的重要组成部分，必须视其为重要机遇，积极按照国际相关标准进行企业社会责任建设，融入国际社会，对于企业的长远发展特别是全球化战略具有重要的推动作用。

第二节　企业社会责任绩效评价

企业社会责任绩效评价（也称"企业社会责任评价"）是指运用科学、规范的方法和指标体系，对企业的社会责任履行情况的主要业绩指标进行定量和定性分析，依据分析结果对该单位的社会责任履行情况进行考核与评价，从而达到加强社会责任管理、提高企业竞争力和促进企业乃至整个社会实现财富最大化及其社会可持续发展、实现和谐社会的目标。

一、国内外社会责任及绩效评价的研究和实践

（一）国外研究及实践探索

近年来，企业社会责任问题越来越受到国际国内社会的广泛关注。在国际上，1976 年经济合作与发展组织（OECD）制定了《跨国公司行为准则》，这是由政府签署并承诺执行的多边、综合性跨国公司行为准则。这些准则虽然对任何国家或公司没有约束力，但要求更加保护利害相关人士和股东的权利，提高透明度，并加强问责制。2000 年该准则重新修订，更加强调了签署国政府在促进和执行准则方面的责任。联合国于 2000 年正式启动了"全球契约"计划。国际标准化组织于 2004 年启动了社会责任国际标准 ISO 26000 的制定工作，全球约 120 个国家（地区）及国际组织的 400 多名专家参与该标准的制定工作。一些跨国公司纷纷制定社会责任生产守则，发布社会责任报告或可持续发展报告，出现了企业履行社会责任的全球性新趋势。企业社会责任的国际标准 SA 8000（Social Accountability 8000），对企业经营管理所要履行的基本社会责任予以了规范。

随着社会责任的理念逐步为人们所关注和接受，企业社会责任绩效评价也成为理论界的重要研究课题。在企业社会责任评价指标体系的研究方面，Effrey Sonnenfeld 从利益相关者角度出发，提出重点考虑利益相关者的社会敏感度，能够加强企业管理者和利益相关者的沟通，对于完善企业自身的管理以及维护利益相关者的利益具有重大的促进作用。Clarkson 从企业性质出发，认为企业只需要对利益相关者承担责任，而不必承担社会责任，那是政府或公益慈善机构的职责，

并经过实证研究建立了评价企业社会责任的 RADP 模式。Logsdon 和 Lewellyn 认为，公司必须始终坚持"三重底线"原则，即企业盈利、社会责任、环境责任三者的统一，作为企业社会责任评价指标体系的标准，这也是公司实现可持续发展的根基。Simon Kiiox 指出，企业应该积极主动公开披露社会责任信息，包括贸易平等、劳工权益、环境影响、财务状况等方面。在具体的企业社会责任指标体系设计中，Trotman 和 Bradley 采用了环境、员工、产品、社区、能源和其他等 6 个指标进行研究。Gray 在此基础上进一步增加了消费者权益保护、能源节约、公益慈善、企业增值这四个指标进行深入细化的研究。

国外理论界对企业社会责任绩效评价的研究可以分 3 个阶段：

第一阶段始于 20 世纪 70 年代。该阶段的研究主要从企业如何处理社会问题和承担社会责任两个方面来评价企业的社会责任绩效。

第二阶段自 20 世纪 80 年代至 90 年代末。西方理论界针对企业社会绩效相继提出了各种不同的利益相关者评价模型，其中影响最大的是美国学者索尼菲尔德（Jeffrey Sonnenfeld）的外部利益相关者评价模式和加拿大学者克拉克森（Clarkson）的 RDAP 模式。

第三阶段自 20 世纪 90 年代末至今。著名的社会责任型投资基金（SRI）管理公司 KLD 公司从环境、社区关系、雇用关系、机会平等、消费者关系五个方面对企业进行社会绩效评价。另外，KLD 公司的分析师创设了一种评价企业对利益相关者承担责任与否的标准，即 KLD 指数。

（二）国内研究及实践探索

2008 年，国资委在前期研究的基础上发布了 1 号文件《关于中央企业履行社会责任的指导意见》，要求中央国有企业积极履行社会责任。这标志着中国企业社会责任运动正式从"解释问题"向"解决问题"转变。这个阶段，多数企业已经了解到社会责任的重要性和必要性，但对于如何引进和推广社会责任理念，并与企业经营全面融合，是国有企业社会责任实践所面临的新挑战。

国内学术界对企业社会责任绩效评价方面的研究刚刚开始，大致可分为两个阶段：

第一阶段自 1995 年至 1999 年。有关的研究主要有：刘文鹏提出的非财务性业绩评价系统；赵雯从企业是生产组织并且是生产关系的载体出发，认为企业评价应以满足各不相同的利益集团的要求与期望；中国企业联合课题组提出的企业竞争力指标体系在一定程度上扩大了评价主体的范围，但均缺乏系统的理论基础和完善的评价方法，把企业与外部利益相关关系的评价仅限于顾客对企业的评价，或外部市场和内部市场对企业的评价。

第二阶段自2000年至今。此阶段的研究有：姜喜容、马凤光等从企业的社会性质角度对企业的社会责任进行了界定，但没有提出对企业社会责任绩效进行评价的模式或方法；贾生华、陈宏辉和田传浩的一篇题为《基于利益相关者理论的企业绩效评价——一个分析框架和应用研究》的论文涉及了企业社会责任的财务评价问题；温素彬提出了企业三重绩效评价模型，从工作劳动与人权、社会影响、产品责任3个方面（包括16项子指标）构建了企业社会责任绩效评价指标体系；李立清和李燕凌从劳工权益、人权保障、社会责任管理、商业道德和社会公益行为五大要素出发，建立了一个中国企业社会责任评估指标体系，该体系分为13项子因素，共设计38个三级指标，为公正评价我国企业社会责任管理水平提供了客观依据。

对企业社会责任评价指标体系的研究方面，国内的企业社会责任评价指标体研究始于20世纪末，随着中国证券市场的建立和发展，对企业的社会责任信息披露有着严格的要求，企业社会责任评价指标体系初见端倪，但只存在于证券市场中，标准单一，不具有普遍性，没有形成明确的企业社会责任评价指标体系。马学斌、徐岩发现，目前我国的企业社会责任研究大多是定性研究，缺少定量研究，所以建立了定量指标模型并运用综合评价方法对企业社会责任进行定量评价研究。上述的李立清和李燕凌从五大要素出发，以SA 8000为主要标准，从9个方面建立了一个中国企业社会责任评估指标体系。而且考虑到我国文化结构中对企业社会责任的传统价值观念，增设了商业道德和社会公益行为两类评价因素。李雄飞以经济贡献、环境影响、能源资源、生态环境这4个方面为基础建立了企业社会责任评价体系的基本指标、辅助指标、否决指标。李正和向锐从环境、员工、社区、社会、消费者和其他6个方面构建评价体系。肖红军和李伟阳根据利益相关者、责任内容、功能、组织层级和作用属性这五个维度构建了企业社会责任指标体系的五维模型。杨超设计了由社会责任、对投资者责任、环境影响、公司治理、用工责任和其他共6个维度、45项指标项目集合而成的企业社会责任指标体系，采用主观赋值法进行综合评价。王宝英以Carrol的社会责任理论为基础，建立了包括4个一级指标、14个二级指标、36个三级指标的企业社会责任的评价指标体系。刘淑华等在界定国有企业社会责任内涵的基础上，重点从员工、股东、消费者、供应商、社区、政府和环境资源七大利益相关者角度出发，构建了国有企业社会责任评价指标体系。

综上所述可知，相对于国外而言，国内不论是对企业社会责任的研究，还是对企业社会责任绩效评价的研究，都还不是很成熟。对于"企业社会责任绩效评价"这一绩效评价领域中的新课题，因为受到客观条件和企业社会责任认可等主观认识方面的限制，取得的研究成果还十分有限。

二、企业社会责任绩效评价及评价体系

一般认为，绩效评价分为组织绩效评估与个人绩效评估两个层次。本文重点研究组织绩效评价，即企业的社会责任绩效评价。

企业社会责任绩效评价是指运用科学、规范的方法和指标体系，对企业的社会责任履行情况的主要业绩指标进行定量分析和定性分析，依据分析结果对该单位的社会责任履行情况进行考核与评价，从而达到加强社会责任管理、提高企业竞争力和促进企业乃至整个社会实现财富最大化及其社会可持续发展、实现和谐社会的目标。

企业社会责任绩效评价系统是由一系列与社会责任绩效评价相关的评价基本要素构成的有机整体，是企业管理控制体系的重要组成部分。一个完整的企业绩效评价系统由评价目标、评价主体、评价客体、评价指标、评价标准、评价方法和评价报告七部分组成。

（一）评价目标

评价目标是整个评价过程的灵魂。它是根据评价主体的需求而确定的，对整个评价系统的设计和运行起指导性作用。首先，绩效的评价目标应与企业的整体目标协调一致，即围绕企业整体价值最大化这一目标，采用科学的评价方法，对企业目标实现的全过程予以客观公正的评判；其次，绩效评价的目标还应服从于企业的基本财务目标，即所有者权益最大化，亦即为有关监管部门以及企业的利益相关者做出决策提供服务；最后，企业绩效评价的目标之一是应服务于企业的战略目标，即基于企业战略的系统性，绩效评价体系应当为企业最优战略的制定和实施提供支持和控制信息。

（二）评价主体

评价主体是绩效评价的行为主体，一般指与评价对象存在利益关系，关心评价对象业绩状况的利益相关者，包括资本所有者、经营管理者、利益相关主体、政府部门等。

1.评价主体的演进

根据简单的行为逻辑——动机产生行为，评价主体及其动机构成评价行为不可分割的整体。财务评价主体演进过程大致分为3个阶段：

（1）一元评价主体时期。在早期的业主制和合伙制的古典企业中，企业的显著特点是所有权与经营权的高度统一，投资者自觉地、辛勤地管理着企业。此时的生产过程和工艺简单、销售链条短、生产销售环节少，投资者只需采取一些简单的产出指标，如每码成本、每吨成本、每吨铁所耗焦炭、销售毛利等就能凭经

验对生产进行有效的管理。这种经验管理阶段的绩效评价，唯一的评价主体就是投资者，评价的目的也只是满足自己生产管理的需要。

（2）二元评价主体时期。19世纪40年代，公司制企业产生，所有权与经营权分离，古典企业向现代企业转变。由于所有权与经营权的分离，大部分投资者不再直接参与企业的生产经营活动，而是把经营管理权委托给了职业经理，由此产生了所有者与经营者之间的信息不对称和激励不相容问题。作为委托人的所有者希望设计一种激励约束机制来奖惩代理人（经营者），委托人只能通过对绩效的财务评价来度量代理人的努力程度，从而更有效地激励和约束代理人的行为选择。与此同时，投资者单靠先进的技术已不足以取得绝对优势，为了在激烈的竞争中立于不败之地，除了增加主权资本，还要向银行大举借入资金。而银行家面对众多的、数额巨大的资金需求者，深深地感到，单纯像过去那样以企业个体信誉或对企业经营状况的主观判断和经验估测作为贷款的依据，必然会身陷泥潭，血本无归。因此，资金委托方的债权人往往要求资金代理方的债务人提供相应的会计报表，以报表数据体现的盈利能力和偿债能力作为是否放贷的依据。建立在这种委托代理理论基础上的绩效评价是委托人为了达到与代理人激励相容的目的而测定代理人的努力程度，并将这种努力程度变为定量计值或主观效用的行为。20世纪80年代以前，这种基于投资者与债权人利益的财务评价几乎是企业绩效评价的全部内容，因而投资者和债权人成为这一时期的二元财务评价主体。

（3）多元评价主体时期。无论是一元评价主体还是二元评价主体遵循的都是资本逻辑，更准确地说是物质资本和财务资本逻辑。按照这种逻辑，绩效评价也是为提供物质资本和财务资本的投资者服务的。20世纪80年代后期，利益相关者理论的出现，促使二元财务评价主体状况出现了变化。利益相关者理论认为，企业不单纯是为资本所有者谋利益，而是要为包括股东、债权人、企业内部经营者、雇员、顾客、供应商等在内的利益相关者谋利益。这种理论的实质是承认各要素所有者都是创造企业价值的来源，因而都有评价企业绩效的要求。按照这种逻辑构建的财务评价体系，评价主体应扩展到包括股东、债权人、管理者、员工、供应商、消费者、政府在内的众多利益相关者。

与前两者比较，多元化的评价主体具有以下特征：（1）层次性，即在企业组织层级化的格局下，企业绩效评价主体必然是分层展开的。根据利益相关者理论，处在第一层次的应是外部利益相关者；经营者对绩效评价处在第二层次；员工出于自身利益的考虑也要评价企业，属于第三层次。（2）利益的冲突性，即由于各评价主体处于企业价值链的不同环节并因此形成利益差别，各有自己的利益要求，只能在动态博弈中求得平衡。（3）信息的非对称性，即在共同控制的企业里，企业经营活动的信息并不一定均衡地分配给各个评价主体，而是可能相对倾斜地为某一类利益相关者所掌握和利用。

因此，企业绩效评价的实质是要对谁创造了多少价值给出答案，是揭示企业内在价值的有效手段。

2.企业社会责任绩效评价主体的确定

根据企业利益相关者理论对企业社会责任边界的界定，企业社会责任绩效评价主体应该是投资者、债权人、经营者、消费者、员工、政府、社区、社会公众等。

正是因为企业社会责任分析评价机制的缺失，使得一些企业对自然资源的消耗、环境的破坏无所顾忌。而今天，人类已高度关注生存所依赖的自然环境，各国也都制定了相关的法律法规进行约束，这种约束使得企业社会责任评价主体清晰起来，为开展企业社会责任评价提供了一个契机。利益相关者理论使得利益间接相关、主体模糊的社会责任评价主体变得利益直接相关、主体清晰起来。企业利益相关者通过对企业社会责任的评价，促使企业从可持续发展的角度出发，降低能源消耗和资源消耗强度，减少环境污染排放，提高劳动生产率，维护企业利益相关者的长远利益。

（三）评价客体

评价客体是绩效评价的行为对象，包括被评价的企业和该企业的经管者两个方面，一般由评价主体根据其需要和实际情况确定。例如，政府可以将国有大中型企业、国家重点企业、稽查企业等列为评价对象；企业集团总公司可以将子公司列为评价对象，投资者可以将被投资者列为评价对象，等等。

评价对象的确定非常重要，因为评价结果会直接影响到评价对象今后的发展命运，关系到组织是扩张、维持、重组、收缩、转向或退出，以及经营管理者的奖惩、任免以及代理问题的解决等。

（四）评价指标

评价指标是评价对象的载体和外在表现形式，即对评价对象在哪些方面进行评价。评价指标的选取要依据评价目标和评价对象的需要设计，要能够反映评价对象的特征。企业绩效评价系统关心的是评价对象的关键成功因素（Key Success Factors，KSF），这些关键因素有财务方面的，如投资报酬率、资本保值增值率、每股税后利润等，也有非财务方面的，如售后服务水平、产品质量、创新速度和能力等。因此，作为用来衡量企业绩效的指标也分为财务指标和非财务指标。如何将关键成功因素准确地体现在各具体指标上，是绩效评价系统设计的重要问题。

（五）评价标准

评价标准是对评价对象的表现进行分析评价的标尺，是判断评价对象绩效优劣的基准，分为可计量标准和不可计量标准。评价标准是在一定前提下产生的，随着社会的进步、经济的发展以及外部条件的变化而不断发展变化。因而评价标准是相对的，但是在特定的时间和范围内，评价标准必须是确定的、不变的。

企业社会责任财务评价标准建立的目的就是引导企业在社会责任方面发挥更为积极的作用，因而如何确定企业社会责任财务评价标准有十分重要的意义。通常，企业社会责任财务评价标准有行业标准、经验标准、历史标准、预算标准和法律标准等。

1. 行业标准

行业标准就是指根据行业生产经营特点制定的反映行业财务经济状况和社会责任表现水平的标准，在企业财务评价中应用广泛。根据不同分类依据，行业标准可以划分为不同的类别。

2. 经验标准

经验标准是在实践的基础上逐渐积累而形成的标准。经验标准来自社会众多行业中大量企业的经验。虽然经验数据不具有法律效力，但是长期以来已经得到了人们的认可。

3. 历史标准

历史标准是指以企业过去某一时间的实际业绩为标准，如上年平均值、上年同期实际值、历史上某一年的业绩、历史上的最好水平等。通过历史标准，企业财务评价主体可以得知企业被分析项目的变化情况，从而寻找企业取得的成绩或存在的问题。

4. 预算标准

预算标准是指企业根据自身条件或经营状况所制定的目标标准。预算标准对于企业内部开展财务评价有重要作用。尤其当预算标准与历史标准相结合时，可以从发展变化的角度更好地反映企业的状况。

5. 法律标准

法律标准是指国家对企业承担社会责任在法律法规中所做的企业必须遵照执行的标准。在制定评价指标时必须严格遵守相关规定，标准不能与法律规定不符。当前我国在规定企业社会责任方面还没有专门的法律，具体规定都分散在相关的法律法规中。

（六）评价方法

评价方法是企业绩效评价的具体手段，即运用一定的评价方法来对评价指标和评价标准进行实际运用，以取得公正的评价结果。评价方法可以采用定性分析与定量分析相结合的方法。

（七）评价报告

评价报告是绩效评价系统输出的结论性文件，是评价工作最终结果的表现形式，它体现了对客体的价值判断。

绩效评价人员以某一企业作为评价对象，通过会计信息系统及其他信息系统，获取与评价对象有关的信息，经过加工整理后得出该单位的评价指标数值，将该数值与预先确定的评价标准进行对比，通过差异分析，找出产生差异的原因、责任及影响，得出评价对象绩效优劣的结论，形成绩效评价报告。

上述 7 个要素共同组成一个完整的企业绩效评价系统，它们之间相互联系、相互影响，不同的目标决定了不同对象、指标和标准的选择，其报告形式也不同。所以说，评价目标是绩效评价系统的中枢，没有明确的目标，整个绩效评价系统将处于无序状态之中。

第三节　企业社会责任评价标准

一、局部的企业社会责任评价标准

由于跨国公司制定的各类生产守则有着明显的商业目的，各种非政府组织为了监督企业行为，制定了各类针对企业行为的社会责任评价体系。像美国服装、鞋类协会制定了"服装生产责任规范"（WRAR），国际玩具协会制定了"国际玩具协会企业行为准则"（ICTICOBP），以及英国道德贸易运动组织（ETI）制定了"道德贸易基本守则"（Ethical Trading Initiative Base Code），荷兰洁净成衣运动组织（CCC）制定了"成衣业公平贸易约章"（the Fair Trade Charter for Garments），美国公平劳工协会（FLA）制定了"工作场所生产守则"（Workplace Code of Conduct），国际社会责任组织（SAI）制定了"社会责任国际标准"（SA 8000）。

从内容上看，这些规范不仅规定了企业员工的人权保障、劳动保障和管理体系，有些还涉及环境问题。这些规范可以用作社会监督的工具，作为对企业进行监督论证的标准。

（一）劳工保护标准

联合国、国际劳工组织、民间组织等提出了各种各样的劳工保护标准，使该标准逐步发展成为包含许多内容的标准体系。本文将介绍比较有代表性的几类标准。

1. SA 8000

1997 年 10 月，美国非政府组织 SAI 发布 SA 8000，其主要条款包括 9 个方面。

（1）童工方面。包括不使用童工、不支持使用童工、救济童工、童工和未成年教育、童工和未成年工的安全卫生等。

（2）强迫劳动方面。包括不使用或不支持使用强迫劳动和不扣押身份证件或收取押金等。

（3）健康与安全方面。包括安全、健康的工作环境；任命高层管理代表负责健康与安全；健康与安全培训；健康与安全检查、评估和预防制度；厕所、饮水及食物存放设施和工人宿舍条件等。

（4）结社自由及集体谈判权利方面。包括尊重结社自由及集体谈判权利；法律限制时，应提供类似方法和不歧视工会代表等。

（5）歧视方面。包括不从事或支持雇佣歧视、不干涉信仰和风俗习惯和不容许性侵犯等。

（6）惩戒性措施方面。包括不使用或支持使用体罚、辱骂或精神威胁等。

（7）工作时间方面。包括遵守标准和法律规定，至多每周工作48小时；至少每周休息一天；每周加班不超过12小时（特殊情况除外）和额外支付加班工资等。

（8）工资报酬方面。包括至少支付法定最低工资，并满足基本需求；依法支付工资和提供福利，不罚款和不采用虚假学徒计划等。

（9）管理体系方面。包括政策、管理评审、公司代表、计划与实施、供应商/分包商和分供商的监控、处理考虑和采取纠正行动、对外沟通、核实渠道和记录等。

SA 8000是继ISO 14000、ISO 9000两类标准之后的又一个有代表性的标准，但是它只是一个民间标准，并没有成为一个国际通用的标准，因此，该标准的公平性和目的性受到许多专家的质疑。

2. 社会条款

1999年12月，以美国为代表的某些发达国家，在美国西雅图召开的世贸组织谈判中，要求在世贸组织协议中加入保护劳工权利的"社会条款"标准。社会条款是在国际投资与贸易协议中，加入一些专门性条款，这些条款有利于保护环境、员工的权益及人权。一旦约定一方违反了该条款规定，其他约定方有权利给予违约方制裁。该条款的主要内容为：废除强迫性使员工劳动的行为、员工具有自由性组织团体的自由并且员工组织的团体与公司有谈判权利、废除用工的歧视行为、消除使用童工劳动行为。我们可以明显地看出，社会条款让劳工标准融入了国际贸易中。

（二）质量和环境管理体系标准

1.国际质量标准（ISO 9000）

全球范围内最大的非政府国际化组织是ISO组织，它由来自全球100多个国家的国家标准化团体组成。国际标准组织质量管理和质量保证技术委员会（ISO/TC 176）制定了ISO 9000，ISO 9000是关于质量标准的统称。随着全球经济贸易日益频繁，为了维护生产商、经销商的权益，提高商品质量保证、消除国家间贸易的检验标准不统一制定了此标准，ISO 9000不受产销双方的影响，能够比较公平、公正地对各国企业生产的产品进行质量检验。目前，全球已有110多个国家使用ISO 9000系列质量体系。

2.环境管理体系标准（ISO 14000）

国际标准化组织环境管理标准化技术委员会（ISO/TC 207）制定了一个能够在国际上广泛使用的标准体系——环境管理体系标准（ISO 14000），ISO 14000系列标准是一类标准的统称，总共有100号，从14001开始到14100，ISO 14000同时也符合各国关于环境保护的规定。它的内容较多地涉及国际上关于环境管理方面的热点问题，例如，包括环境中生命周期分析、环境的审核、环境的标志、环境管理制度。该标准的目的主要是促使各类组织实施正确的环境行为。

二、综合的企业社会责任评价标准

以上两种类型的CSR评价标准，从内容上看，主要涉及的是企业员工的权利，并没有反映企业利益相关者的利益。随着对CSR研究的深入，许多非政府组织和一些机构提出了比较全面的CSR评价标准。

（一）英国伦理投资研究机构评价体系

英国伦理投资研究机构（EIRS）是一个完全独立的，为企业提供社会责任评级服务的专业机构。该机构提出评价CSR的指标有5项，分别是员工、环境保护、社区支持、人权和对供应链企业的管理等。

（二）Repu Tex企业社会责任指标体系

2003年，Repu Tex（崇德）评级机构提出了Repu Tex企业社会责任指标体系，其主要内容有4类，分别是公司治理（包括商业道德行为、风险和财务管理、审计与遵纪守法、股东关系和报告等）、环境影响（包括环境政策、环境管理系统、可持续发展投资、对生态可持续发展的承诺等）、社会影响（包括社会投资与慈善支持、人权、消费者权益、利益相关者的参与和社会报告等）、工作场所实际操作（包括员工发展及培训、劳资关系与薪酬、职业健康与安全等）。

（三）多米尼社会责任投资指数（KLD）

KLD公司是美国一家具有相当规模的CSR调研和评估的专业评级机构，该公司创立了一种评价企业对利益相关者承担社会责任的"KLD指数"评级标准。此标准分为企业环境、社会、治理标准（ESG）和争议性产业干预标准（CBI）。企业环境、社会、治理标准包含三大方面，即环境层面评级、社会层面评级、治理层面评级。

环境层面评级包含：气候变化（清洁能源、气候变化）、产品和服务（利他性产品服务、致使臭氧层破坏的化学制剂、农作物化学制剂）、经营与管理（污染防治、循环利用、管理机制、高危废弃物、监管问题、相关排放）、其他。

社会层面评级包含：社区（慈善捐赠、创新性捐赠、非美国本土慈善捐赠、教育支持、住房改善支持、志愿者项目、其他优势、投资纠纷、消极经济影响、纳税争端）、多样性（董事会、首席执行官、残疾人就业、同性恋政策、推动、与女性或少数裔合作、工作/生活福利、其他优势、纠纷、代表缺失）、劳工关系（健康与安全、退休福利、工会关系、股东分红、员工参与、其他优势、劳动力流失）、人权（劳工权益、与当地人关系、其他优势）、产品（对低收入人群的福利、质量、研发创新、其他优势、反垄断、市场/协议纠纷、安全）。

治理层面评级包含：报告（政治责任、透明度）、结构性（津贴、所有权、财务）、其他（其他优势、其他关切）。

争议性产业干预评级标准，其涉及8个产业：流产、成人娱乐业、酒精类饮料、小型枪械、博彩业、军事工业、核能核电、烟草业。

（四）跨国公司行为准则

1976年，经济合作与发展组织制定了一套规范跨国公司行为的准则，又在2001年对其进行了修订，该准则即为跨国公司行为准则。该准则指出跨国经营的公司既要考虑其经营所在其他国家相应的法规，又要兼顾利益相关者的利益。具体包括：一般政策、信息披露、创新、劳工关系、政府税收、消费者权益保护、禁止商业贿赂、环境保护、行业竞争等。

（五）全球报告倡议（GRI）

1997年，联合国环境规划署（UNEP）及环境负责的经济体联盟（CERES）联合成立全球报告倡议组织。目前为止，全球报告倡议组织已经发布了第三代《可持续发展报告指南》，该指南从经济、环境、社会3个方面设计了业绩指标。各类企业都可以运用该指南。目前，越来越多的组织使用该指南编制了《可持续发展手册》。

（六）道琼斯可持续发展指数（DJSI）

1999年，DJSI被颁布，该指数在评价企业可持续发展能力方面，不是站在企业的视角，而是站在投资者的视角，从经济、社会、环境3个方面进行评价。该指数最重要的特点是在公司财务表现中加入了可持续发展指数，它也是第一个此类指数。该指标体系分为两类：一类是适用于所有行业，并且其指标的选定是基于对所有行业具有一般风险，称为通用标准；另一类则适用于特定行业，其指标是考虑行业未来的发展情况及未来发展中所面临的风险来挑选的，称为特定产业标准。这两类指标在DJSI中所占的分量一样，主要涉及5个方面的管理，分别为公司、风险危机、人力资源、供应链、环境。

（七）全球契约标准

"全球契约"这一主题是联合国秘书长安南在1999年1月的达沃斯经济论坛年会上提出的。联合国总部在2000年7月启动该标准。该契约涉及员工基本人权保护、环境保护、反贪污等方面内容的10项基本原则，企业在经营活动中须遵守。这些基本原则分别来自《里约原则》《世界人权宣言》及《关于工作中的基本原则和权利宣言》。

（八）评价与审计标准（AA 1000）

社会与伦理责任研究所成立于1996年，该研究所成员是来自全球30多个国家学术界、商界的杰出人才，他们研究的关注点是找到能报告及监控企业社会责任的各种方法。1999年，社会与伦理责任研究所发布AA 1000框架，旨在帮助组织通过提高伦理责任与社会责任的会计、审计和报告质量，促使组织更好地履行社会责任。AA 1000由指南、标准和专业资格3个部分构成，它包括基本的原则及企业计划、财务、审计与报告、融合、利益相关方参与5个过程标准，这5个过程标准贯穿企业社会责任管理。国外评价标准较全面、规范，特别是综合评价标准能很好地反映企业和员工、环境、政府、人权、供应商、客户、股东等利益相关者的关系，越来越广泛地被国内外企业所运用。

（九）北大民营经济研究院CSR调查评价标准

由北京大学民营经济研究院设计的CSR调查评价体系与标准，不仅考虑到企业所有利益相关者，也关注到企业的经济社会责任，是一个比较全面调查和评价CSR的指标体系。其内容可分为三大系列，分别为E系列经济责任、S系列社会责任和N系列环境责任。具体包含7个一级指标（股东权益责任、社会经济责任、员工权益责任、法律责任指标、诚信经营责任、公益责任、环保责任）和19个二级指标（净资产收益率、主营业务收入增长率、企业研发投入比例、企业每元总资产纳税额、企业创造就业岗位年增长率、劳动合同签订率、员工工资保障、员工社会福利保障、员工工作环境、企业罚款支出比率、企业诉讼与仲裁事项、顾客满意度、商业伙伴满意度、融资机构满意度、福利就业、扶贫支持项目、慈善公益捐助、环保投入占当期销售额比重、企业能源使用效率）。这个评价标准非常适合于民营企业社会责任的评价。

（十）中国工业企业社会责任评价体系

由中国工业经济联合会、中国煤炭工业协会、中国机械工业联合会、中同钢铁工业协会、中国建筑材料联合会、中国有色金属工业协会、中国电力企业联合会、中国矿业联合会等8个协会制定的"中国工业企业及工业协会社会责任指南"，规定了工业企业社会责任评价指标的8个方面，分别是信用建设（企业信贷信用、企业纳税信用、企业合同履约信用、企业产品质量信用、遵守法律法规和社会公德、商业道德及行规、杜绝商业腐败、企业信用等级）、主要经济业绩指标（资产总额/销售收入/利润总额/纳税总额、全员劳动生产率/万元产值能耗、资产保值增值率/社会贡献率）、主要社会业绩指标（为社会提供实物或免费专业服务、为公众利益的基础设施及资金投入、向政府、出资人、利益相关者支付的资金）、主要报告（审计报告/论证报告/权威性评估报告/政府与社会公认的奖励）、保护环境（清洁生产、降低污染的排放、产品与服务对环境的影响、展示企业环评报告/环境标识产品认证）、节约资源（资源利用）、安全保障（生产安全、产品安全、社会安全）、相关利益者（产权人、债权人、供应商、客户和消费者）。上述评价标准主要是针对我国国有企业制定的。

综观国内外CSR评价标准，可以看出，它们从不同层面反映了企业应当履行的社会责任或伦理道德。从评价层次来看，国外的公司或非政府机构，要求企业更多地履行伦理责任和慈善责任，而国内的政府或社会机构则更强调企业应履行经济责任和法律责任；从评价内容来看，国外公司和评级机构的评价标准看起来是笼统和宽泛的，但在进行具体评级和编制评价报告时，能进行细化和有针对性的分解，而国内评价指标看起来很具体，不少指标也是可测量和量化的，但由于制造行业和企业类型很多，指标具体化以后缺乏了包容性，而指标统计是对号入座的，很多难以量化的重要内容往往被忽略掉，导致评价结果避重就轻，出现虚假情况。

第二章 企业社会责任绩效评价的理论基础

研究企业社会责任及绩效评价的理论依据，对全面科学地建立社会责任绩效评价体系，具有重要的理论指导意义。企业社会责任及绩效评价的理论依据主要包括利益相关者理论、社会契约理论、交易费用理论、可持续发展理论、企业公民理论以及委托代理理论、系统管理理论、权变管理理论、信号传导理论、信息不对称理论。

第一节 企业社会责任的理论基础

一、利益相关者理论

利益相关者理论基于风险承担、专用性投资和激励机制的分析，认为企业的利益相关者应当共享企业的剩余索取权和剩余控制权。这种观点与主流企业理论中股东或投资者应独享企业剩余所有权和剩余控制权的观点是完全不相容的。

利益相关者理论的核心观点是：任何一个企业都客观存在着许多利益相关者，如管理者、投资人、员工、消费者、供应商、社区和政府等，他们都对企业进行了专有性投资并承担由此产生的风险；企业的生存和发展取决于其能否有效处理同各种利益相关者之间的关系，而股东只是利益相关者之一；企业要获得持续发展，就必须将剩余索取权和剩余控制权在其主要利益相关者之间进行分配。

该理论认为，企业价值是由股东价值、员工价值、顾客价值和社会价值组成的有机的动态体系，这个价值体系决定了企业获得长期盈利和发展的能力。企业不能只考虑股东价值，而不顾其他价值，企业追求的应该是利益相关者的整体利益，而不仅仅是某个主体的利益。因为任何一个企业的发展都离不开各种利益相关者的投入或参与，利益相关者可能为企业的行动、决策、政策或做法所影响，也能够影响到企业的行动、决策、规定和做法。利益相关者包括企业的投资者、债权人、员工、消费者、供应商等，也包括政府部门、当地社区、环境等。这些利益相关者都对企业的生存和发展注入了一定的专用性投资，他们或者是分担了一定的企业经营风险，或者是为企业的经营活动付出了代价，企业的经营决策必须考虑他们的利益，对他们负责。从利益相关者的角度看，企业是一种治理和管理专业化投资的制度安排，其生存和发展取决于它能否有效地处理与各种利益相关者的关系，而股东只是其中之一。企业不仅在现今的经济全球化和知识经济的时代所面临的运营环境发生了重大变化，企业同利益相关者的关系也发生了根本性的改变。并且利益相关者理论将研究的视野从企业内部拓展到企业外部，重视人力资本和其他专用性资本在企业经营中发挥的作用，深刻认识到企业的社会存在的本质，这一本质使得企业在日益多元化的社会中寻求利益均衡成为可能。在此背景下，利益相关者理论不仅受到越来越多企业的关注与支持，而且对企业的经营和管理必将更具现实指导意义。国外很多研究企业社会责任和利益相关者理论的学者都认为，可以在企业社会责任研究中引入利益相关者这一概念，从利益相关者的角度对企业社会责任的内容进行界定。Carron就认为应该将利益相关者理论应用于企业社会责任的研究中，借用它可以为企业社会责任"指明方向"，针对每一个主要的相关利益群体就可以界定企业社会责任的范围。Carron认为，利益相关者理论可以为企业社会责任研究提供"一种理论框架"，从而将企业社会责任明确界定在"企业与利益相关者之间的关系"上。从长远来看，大量的事实表明，关心利益相关者利益的企业比其他企业具有更好的社会声誉以及更大的竞争优势，更加容易实现可持续发展。因为企业承担社会责任是一种长效机制，需要通过时间的累积才有成效。而从短期来看，承担社会责任必然会增加企业成本。从这个角度来说，可以从企业对利益相关者付出的成本来考虑企业承担的社会责任。运用利益相关者理论对企业社会责任问题进行研究，使企业社会责任的界定有了微观的研究基础。利益相关者理论可以回答企业应该为谁承担责任的问题，明确了企业社会责任的定义，找到了衡量企业社会责任的方法，为企业社会责任研究提供了理论基础。

二、社会契约理论

从社会角度来分析企业社会责任的理论中，社会契约理论最具代表性。社会契约理论认为，社会契约以两种方式存在：一种是社会中现实存在的真实契约，它存在于微观个体之间；另一种就是假设的或宏观的契约，反映了一个共同体的理性成员之间的假设协议，这种契约的设计能给社会的相互作用建立参照标准，属于一种隐性契约。从契约交易角度来说，以企业运营所必需的要素资源进行定义，企业投资人、债权人、员工与企业之间存在显性的契约关系，政府、供应商、消费者、社区与企业之间存在隐性的契约关系，自然环境、人类后代和非人类物种则与企业之间存在未来或潜在的契约关系。这些显性、隐性或潜在的契约关系规范了双方的义务以及相互之间应该承担的责任，也决定了企业社会责任活动的范围。企业显性契约主体向企业投入特定资源，因而对企业有法定的要求权。企业隐性契约主体向企业间接投入资源，并受企业活动间接影响，反过来也会对企业的绩效产生影响，企业潜在契约主体同样受企业活动影响，同样与企业活动有特定关联，因而可以对企业在一定范围内提出要求。企业承担社会责任将有助于提高企业与契约主体间经济交往的质量和效率，因而企业有责任也有动机为整个社会经济的可持续发展而努力。

企业作为社会中的个体，应该对为其存在提供条件的社会承担责任，遵守社会建立的指导准则，而社会应该对企业的发展履行责任。企业的社会责任不仅是为了满足社会最低期望承担的义务，也是为最大限度地改善社会福利而主动采取的行动。社会契约理论从整个社会的角度出发，考虑了企业行为对社会的影响以及社会对企业的期望与要求。

美国管理学家多纳德逊和邓非（Donaldson and Dunfee）将企业与其利益相关者之间所遵循的所有契约形式总称为综合性社会契约，进而将企业社会责任和企业利益相关者的利益要求统一起来。因为"企业是社会系统中不可分割的一部分，是利益相关者显性契约和隐性契约的载体"，所以企业必须照顾利益相关者的利益。倘若企业忽视其社会责任，长期不满足其利益相关者的合理利益要求，那么外部环境和内部机制将会严重阻碍企业的长久生存和持续发展。企业是不同个体之间为了实现价值增值，通过一组复杂的显性契约和隐性契约相互缔结而成为法律实体。交汇的契约中包括所有者与经营者之间的契约、债权人与债务人之间的契约、经营者与员工之间的契约、供货商与消费者之间的契约、法人与政府之间的契约、企业公民与社会公众之间的契约等。企业的行为实际上就是均衡复杂契约系统的行为，这种复杂契约系统的主体就是一系列围绕企业寻求各自利益的利益相关者。在论证综合性社会契约之所以能成为联系企业社会责任与利益相关者利益要求的纽带时，多纳德逊和邓非详细考地察了两种不同的支持性观点。第一种观点被称为"工具性观点"，其核心思想是企业之所以要承担社会责任、关注利益相关者的利益要求，是因为这样做将使企业变得更加有利可图。如果忽视企业的社会责任、忽视利益相关者的利益要求，企业会面临与利益相关者发生冲突的风险，从而危及企业自身的生存和发展。总而言之，"工具性观点"认为，企业为了实现经营和盈利的目的，必须将承担社会责任、考虑利益相关者的利益要求作为手段和工具。第二种观点被称为"规范性观点"，其核心思想是不论企业的经营状况如何，它都有一种伦理性的社会责任，应当对利益相关者的要求做出恰当的响应。该观点认为，企业作为一个社会公民，应该做"正确的事"，做"应该做的事"。它超出了对企业成本收益的简单分析，不再认为"关注利益相关者的利益要求"是"实现企业经济利益"的一种手段和工具。而是从更根本的企业存在的使命和价值的视角来论证企业必须关注利益相关者的利益要求。该观点认为，企业在社会系统中扮演的角色，其性质完全类似于一个独立的个人。由此可见，企业必须满足利益相关者的合理要求、承担相应的社会责任，才能履行其综合性社会契约。

由此可以看出，企业承担社会责任，是企业需求、利益相关者需求以及社会需求这三重需求的汇合，是企业、利益相关者和社会的共同需要。企业是一个经济体，但是它存在于社会之中，这就决定了企业除了具备经济性，还应具备社会性。企业的行为不仅仅是一种经济行为，同时还对社会产生一定的影响，属于一种社会行为。因此，有必要从社会整体的角度、从社会的需要上来分析企业是否应该承担社会责任。

三、交易费用理论

交易费用理论是整个现代产权理论大厦的基础。1937年，著名经济学家罗纳德·科斯（Ronald Coase）在其论文《企业的性质》中将交易成本引入新古典经济学的分析框架中。该理论认为，企业和市场是两种可以相互替代的资源配置机制，由于存在有限理性、机会主义、不确定性与小数目条件，使得市场交易费用高昂。企业的存在，是因为通过企业交易而形成的交易费用比通过市场交易而形成的交易费用低。而企业社会责任问题根源于企业与社会的冲突，这种冲突来源于两个方面，一是私人成本与公共物品成本的冲突，二是企业收益分配的冲突。几乎所有理论和实证研究都指出企业的社会责任行为直接影响其利益相关者对本企业的感知。如果企业没有尊重利益相关者的利益，便会受到他们的抵制，交易费用就会上升；反之，交易费用就会下降。利益相关者以企业社会责任的相关行为作为关键因素来评价企业声誉。当利益相关者考虑企业的社会声誉时，主要关注企业活动如何有效且连续地满足其各自需求。顾客聚焦于企业提供安全、高质产品的能力；员工聚焦于工作相关的事项和环境管理方面的活动。符合利益相关者个体利益和提升个体幸福的行为会从积极的角度影响利益相关者对企业的看法。企业通过履行社会责任，可以合理解决私人成本与社会成本的分歧，降低未来可能出现的潜在风险，获得顾客的信任、供货商的合作、投资者的信赖、政府的支持，从而大大降低企业的交易费用，使企业获得巨大的收益，企业履行社会责任可以减少交易费用。

四、可持续发展理论

可持续发展从根本上来讲是一种宏观经济发展战略研究的产物，是传统发展战略异化的结果。可持续发展概念和理论的提出与构建始于人们对环境问题的关注以及对环境和发展之间联系的认识和研究。自18世纪工业革命以来，"人类中心主义"思想的支配以及技术的滥用，致使人类盲目地以追求GNP的高速增长为目的，以牺牲环境、资源为代价，从而产生没有发展的增长，甚至没有增长或负增长，并导致严重的资源浪费和环境污染及生态破坏。20世纪60年代，人类开始对单纯追求经济增长的发展道路（战略）进行反思和较深入的总结。到20世纪80年代，世界自然保护联盟（IUCN）、联合国环境规划署（UNEP）和世界野生动物基金会（WWF）共同发表的《世界自然保护大纲》，第一次有效地创造了"可持续发展"这一名称，并比较系统地阐明了可持续发展的战略思想，提出了可持续发展的明确目标。1981年，美国世界观察所所长L. R. Brown出版了《建设一个可持续发展的社会》，阐明了可持续发展的社会属性；1987年，布伦特兰夫人领导的世界环境与发展委员会出版的《我们共同的未来》的报告，正式推出了可持续发展的政治概念，并经1992年联合国环境与发展大会认可，这就是：可持续发展是"既能满足当代人的需求，同时又不损及未来世代为了满足其需求的能力"。《我们共同的未来》提出了可持续发展概念内涵的5个基本原则，即发展原则、公平性原则、可持续原则、主权原则和共同性原则。自布伦特兰提出"可持续发展"概念后，可持续发展作为一种新的概念、新的理论和发展战略引起了学术界广泛而深刻的讨论，其实质是：①可持续发展是一种新的发展观，它是对传统发展战略具有变革作用的革命性的科学观、认识论，体现了哲学层次的"天人合一"观；②可持续发展就是能动地调控（管理）社会—经济—自然三维结构的复合系统，实现本系统的优化集成，以期实现经济繁荣、社会公平和生态稳健；③可持续发展就是社会—经济—自然三维复合系统优化集成基础之上的人的全面发展和生活质量的不断提高。

五、企业公民理论

企业公民理论弥补了利益相关者理论的不足，侧重于从企业的身份属性和自然属性揭示企业社会责任的内在逻辑动力。企业公民理论认为，社会赋予企业生存的权利，企业就应承担受托管理社会资源的责任，企业必然要为社会发展和社会福利行使权利、利用资源、承担相应的社会责任。Epstein指出企业公民责任包括3个主要方面：一是企业经营需要外部环境，并且也具有与外部环境协调的动力；二是来自社会的需求和压力，促进企业改进在社会和环境方面的所作所为；

三是道德价值观，企业公民既包括企业在社会中的合法权益，也包括企业应尽的社会责任，并且将权利责任与企业的长期发展战略相结合。在全球经济一体化的今天，企业公民已经从一个企业、一个社区、一个国家发展到了"全球性企业公民"，这反映了一种强烈的社会期望，人们期待企业应该能够像公民个人那样，成为对社会的发展和福利负有社会责任与社会义务的社会团体公民。

企业公民（Corporate Citizenship，CC）首先是由企业在实践层面运用，如1979年强生公司推出的信条和1982年麦道公司公布的麦道公司的理念，然后得到了政府的推动。1996年在美国乔治敦大学召开的"企业公民会议"和随后设立的"企业公民总统奖"，最终激发了学者对此的研究热情。企业公民的核心意义是企业对所有利益相关者负责。也就是说，企业公民包括了与所有者、客户、员工、社区、环境等有关利益主体的诸多关系，而不仅仅是与慈善捐赠画上等号。要树立起企业公民意识，主要是要依靠政府以及整个社会的协同行动，而只靠企业自身的自觉行为是远远不够的。企业公民的目标，只有在社会全体公众共同努力下才能最终实现。企业公民，包括企业履行社会责任的权利及义务的法律保障，而不只是意味着企业需要承担更多的社会责任。随着时代的进步和社会的发展，只有当现代企业成为合格的企业公民，才能在未来激烈的经济竞争中获取领先优势。因此，企业也应像公民一样，其权利和义务是对等的，既享有社区内部的权利，又要履行作为一名社会公民的相应义务。企业公民理念的合理运用，可以促进企业实现作为其重要目标的企业可持续增长。随着现如今经济竞争环境的日益激烈，企业公民与促进企业可持续增长的关系也日益密切起来。而对于中国而言，企业公民理论只有放到中国特殊的国情下讨论才具有意义，也需要在特殊的限定下才具有解释力和说服力。树立正确的企业公民观更是在激烈的市场竞争中获得持续发展动力的主要源泉。世界经济论坛认为，企业公民包括4个方面：一是优秀的公司治理和道德价值，主要包括遵守法律、现行规则以及国际标准，防范贪污腐败。包括道德行为准则及商业原则问题。二是对人的责任，主要包括员工工作安全、杜绝歧视、工作机会均等、报酬公平等。三是对环境的责任，主要包括使用绿色能源、保护生态环境、保护物种多样性、应对全球气候变化等。四是对社会发展的广义贡献，主要是指对社会和经济福利的贡献，比如，传播国际现行标准、向落后地区提供生活生产要素和服务。上述贡献在有关行业可能成为企业慈善、社会投资以及社区服务的一部分，成为企业核心战略的一部分。根据企业公民理论的相关阐述，成功的企业必须是具有公民意识的企业，企业绝不仅仅是追求经济效益和股东收益的最大化，企业自身的行为对环境和社会产生的影响也是至关重要的。成为企业公民不是通过简单的公益行动就可以达成的，而是需要建立一种更为系统和科学的长效工程。

针对中国具体国情来说，国有企业需要率先建立其企业公民的概念和责任意识，将企业的战略及管理制度与企业的发展和经济利润的获取结合起来，在此基础之上建立起引领符合我国国情的企业公民建设之路。企业公民一般包含着两种具体的责任，其一是对企业"股东"的责任。这是因为是股东投资成立的企业，因此企业最初的发展动力和一切行为目标都是为股东谋利，对投资者负责。企业作为公民这一理念，是认为企业应在此基础之上将社会责任的履行同企业发展的整体战略相结合，从而使社会责任得到充足的资源保障。其二是企业应该对其自身的行为负责。企业公民理论是将企业视为社会的一分子，作为社会环境中的一员，企业应当也必须对自己行为所产生的后果负责任。应建立起系统的、明确的、有效的企业社会公民的标准和准则，使企业更加有效地按照企业的长期发展战略更好地履行社会责任。企业应该最大限度地提升企业社会公民的行为，在社会中树立良好的企业公民形象，提高企业的竞争力，使企业在得到发展的同时，能够最大限度地回馈社会。

第二节　企业社会责任绩效评价的理论基础

一、委托代理理论

委托代理理论在现代公司制条件下产生，是揭示企业委托代理关系的形成、发展和协调机制及其有效性的理论。委托代理理论认为，委托代理关系中存在的基本问题，就是代理人问题，即代理人有可能偏离委托人的目标要求，发生损害委托人利益的行为。而解决问题的办法，一般来说，要通过委托人对代理人所建立的一些管理手段来实现，如职位迁贬、岗位公开选聘、薪酬激励、福利追加、股票期权等。上述管理手段对代理人行为会产生重要的激励与约束作用，而这些手段运用的主要依据就是代理人对自己所负责和维系的组织绩效情况。客观公正地对组织单位的绩效做出评价，是现代组织的一项有效制度安排，这种制度安排为委托人对代理人实施奖惩提供了重要依据。所以，加强对组织绩效的监控与评价，是完善激励和约束机制、保证委托代理关系有效性的重要途径。

二、系统管理理论

根据系统管理理论，组织是一个开放系统，既受外部因素影响，又受内部环境条件的制约。既然组织经营绩效的评价也要受外部经营环境与系统内部各种因素的影响，那么作为对组织经营绩效进行评价的指标体系也应是一个开放的、完整的系统，这种指标体系的设置应全面考虑各项影响组织战略经营绩效的内外环境和条件因素,只有这样,才能使建立的绩效考评指标体系具有系统性、全面性,评价的结论才具有客观性、正确性。本项目指标体系即根据这一思路展开设计。

三、权变管理理论

权变管理理论是绩效考评制度不断发展的理论基础。权变管理理论认为,企业管理方式和技术要随内外环境的变化而变化。要使一个组织有效地满足环境变化的需要,组织结构的设计必须依据环境的不确定性和技术条件、组织规模等具体因素的变化而变化。权变管理理论对组织绩效考评标准的建立与发展具有很强的指导作用。实践中不存在一成不变的、普遍适用的"最好"或"最坏",绩效考评标准应根据评价主体的不同和评价客体的特点而进行相应的设计,且应随环境的变化适时加以调整。

四、信号传导理论

根据信号传导理论,交易双方往往缺乏信任,在信息不对称的情况下,为使交易实现,双方都要花费大量的时间和精力辨别对方提供信息的真伪,还要防范"逆向选择"或"道德风险",双方都发生较高的交易成本,导致企业将资源浪费在非价值创造活动上,因而降低了企业价值。企业可以通过向外界传递企业积极的和正面的信号(如企业诚信经营、信誉至上等)的方式,降低信息不对称程度,而企业履行社会责任和披露社会责任信息则是传递积极信号的有效方式。在信号传导过程中,企业提升自身的社会声誉,并降低交易成本,实现了企业与其他利益相关者的共赢。

五、信息不对称理论

信息不对称这一概念最初源自经济学家阿克洛夫于1970年提出的信息非对称论,即"市场上交易的双方各自所拥有的信息是有差别的,一般情况下卖方掌握的信息较为完整,而买方掌握的信息却较不完整"。现在百度百科关于该理论的解释是,"在市场交易活动中,各类人员对相关信息的了解是有差别的:拥有信息较为充分的那方,常常具有优势;而信息缺乏的那一方,一般处于劣势。这一理论指出:交易中卖方(供应方)比买方(需求方)更熟悉商品的具体情况。因此卖方可以凭借该优势向信息贫乏的买方传达相关信息而在交易中获利;买卖双方中掌握信息较少的那方(通常是买方)则会努力从另一方获取信息;买卖双方在信息了解方面的差异影响获利水平"。

信息不对称是上市公司进行社会责任信息披露的动机。信息不对称包括逆向选择和道德风险。当企业和除管理层以外的利益相关者(以下统称利益相关者)

在企业社会责任承担情况上存在信息不对称时，企业清楚其具体承担了哪些社会责任，利益相关者却无从得知这部分信息。因此，一方面，利益相关者只能认可其熟知的平均社会责任绩效，据此回报企业在社会责任方面做出的贡献，致使实际履行情况好于市场平均值的那部分企业由于并没有因为高投入而获得较高回馈而不再增加投入。最后出现"劣币驱逐良币"，导致整个社会平均社会责任绩效状况下降，企业收到的回报又进一步降低，一开始那些社会责任履行较好、实际绩效水平较高的企业也会不愿追加甚至减少其在社会责任方面的投入，最终将导致所有企业承担社会责任的主观能动性都降低，这也就是逆向选择。另一方面，由于企业所履行的社会责任不能为外部利益相关者所知晓，这可能导致企业逃避其社会责任，这就是道德风险。信息不对称是资本市场的固有现象，企业通过信息披露将内部信息传达给市场及处于信息劣势的外部利益相关者，一定程度上可以减少信息不对称所导致的逆向选择和道德风险，又因为信息披露中存在外部性和"搭便车"等因素，将大大降低信息传播的效率。因此，通过强制性方式披露社会责任信息来改变信息不对称，是消除这一不良现象的有效途径。

第三章　企业社会责任绩效评价指标体系的建构

第一节　企业社会责任绩效评价指标体系的基础

一、企业社会责任绩效评价指标体系构建现状

企业社会责任绩效评价体系，既是企业应该遵守的行为准则，又是企业改善社会责任表现的行动指南。

2004年5月，SA 8000社会责任标准在西欧等一些发达国家推行，并受到越来越多的大型企业和跨国公司的重视，当前SA 8000标准已深刻影响到各个国家和地区。2006年10月，由全球报告倡议组织（GRI）发布的第三代《可持续发展报告指南》（G3）成为国际上指导企业编制社会责任报告和可持续发展报告的重要参照标准。

2005年12月，由国资委中国企业改革与发展研究会发起的"中国企业社会责任联盟"在北京成立，并制定了我国第一部综合性的社会责任标准——《中国企业社会责任标准》，这将推动我国企业承担起更多的人权、劳工和环保等方面的社会责任。2006年3月，国家电网公司公布了我国国有企业的第一部企业社会责任报告——《国家电网公司2005社会责任报告》，之后，该企业每年发布社会责任报告，也发布了《国家电网公司履行社会责任指南》，对我国企业履行社会责任做出了有益的探索和实践。紧接着，我国各大国有企业也开始纷纷向社会公布企业社会责任报告。2009年12月，中国社会科学院企业社会责任研究中心发布了《中国企业社会责任报告编写指南》，这是国内第一部企业社会责任报告编制工具手册。2010年4月，中国最权威的企业社会责任报告评价组织——中国企业责任报告评级专家委员会宣布成立，并颁布了《中国企业社会责任报告评级标准》，这是

中国企业社会责任的重大创新。2013年3月，《DZCSR 30000中国企业社会责任标准体系》发布，这是我国第一部植根于中国企业土壤并基于中国国情的中国企业社会责任（CSR）标准体系，同时，首个"中国企业社会责任研究基地"也在杭州正式建立。

衡量一个企业是否优秀，不仅要看它是否为盈利企业，还要看其社会责任承担情况；不仅要关注企业的经济和技术指标，还要关注企业的人文指标、资源指标和环境指标。为此，对于我国企业而言，当务之急就是建立企业社会责任绩效评价体系。在西方发达国家，对任何一个企业的评价都是从经济、社会和环境3个方面进行，其中经济指标仅仅被认为是企业最基本的评价指标。中国应该充分借鉴国外经验，结合SA 8000，逐步从目前对企业以经济指标评价为主，转向以企业对经济、社会和环境等方面担负的责任的综合衡量评价，引导和促进企业处理好企业与员工、企业与消费者、企业与环境、企业与社会之间的关系。

二、社会责任绩效评价指标体系构建的原则

企业社会责任绩效是企业履行社会责任的能力和效果，企业社会责任绩效评价就是对企业履行社会责任的能力和效果进行的评价，社会责任绩效评价指标体系的建立应该基于对企业社会责任内涵的深刻理解基础之上，并遵循一定的原则。

为了衡量企业社会责任绩效，在指标的选择和标准的设定上需设置一定的原则。在构建企业社会责任绩效评价指标体系时，必须遵循以下原则。

（一）科学性

所谓科学性原则即在指标选择、层次分解、权责确定和数据处理方面都应该使用科学的方法，评价指标应具有客观性，能确切反映企业社会责任的履行情况，对企业的社会责任表现作出准确的描述、分析和评价，避免人为主观因素的干扰。

（二）系统性

所谓系统性原则即各层次指标独立的前提下，达到整体融合，全面反映，构成一个完整的指标体系。具体而言，包括两个层面的含义：一是各层次要有一定的区分度，每个层次应该包括哪些指标，各个具体指标应该落在哪个层次，都要有一个确切的定位；二是各层次之间要有一定的联系，各层指标进行具体分解，形成一种控制与被控制、统驭与被统驭的关系，从而构成一个较为完整的指标体系，实现总体功能和目标。

（三）适应性

金碚、李钢通过对986份有效的调查样本进行分析发现，最能体现我国企业社会责任的3个指标为生产性环保支出、劳工社会保障投入和纳税额。徐尚昆、

杨汝岱在对西方文献进行归纳分析的基础上，考察了我国企业社会责任的概念范围，对来自12个省、区、市的630位企业总经理（或企业所有者）进行开放式调查，对中西方企业社会责任维度进行了对比分析，总结出中西方共有的维度有7个：经济责任、法律责任、环境保护、顾客或客户导向、员工或以人为本、社会捐赠、慈善事业（公益事业），而我国企业社会责任的9个维度中有3个在西方文献中是没有被提及的，两个在西方得到普遍认同的企业社会责任维度在我国没有得到体现，这表明企业社会责任在我国的形势不同于其他西方国家，这与我国特定的社会文化背景密切相关。

因此，适应性原则应充分考虑我国国情。由于中西方的文化理念和传统观念不同，双方在对企业社会责任的理解上会表现出差异，所以我们在指标设计时不能一味地套用国外的标准，而必须考虑到国别差异和文化差异，从我国国情出发。

（四）　前瞻性和可操作性相结合

在构建社会责任绩效评价的指标体系时，需要注意两个方面。首先要具备前瞻性，确保指标体系的可拓展性，以应对未来情况的变化，并能够进行适时调整；其次，要注重可操作性，尽量选择数据获得较为容易的指标，以便进行统计分析，并用于评价不同类型企业的社会责任履行情况。

（五）　定量与定性相结合

社会责任绩效评价指标体系中既包括定量指标，也包括定性指标。定量指标主要是财务指标，利用企业年报中公开的资料，直接取得或通过计算得出财务指标，其特点是比较容易获取，且较为直观。定性指标主要是对一些无法量化的情况作出描述，以全面衡量被考查企业的社会责任履行情况。

（六）　可比性与引导性相结合

评价指标体系中指标的设计应具有一定的通用性，使得同一企业在不同时期以及同一时期不同企业之间均可以进行比较，从而实现指标的纵向可比和横向可比，体现指标体系的实用性。此外，根据指标体系的计算得分，能够体现被评价企业哪些方面的社会责任已经良好履行，哪些方面的社会责任还履行得不够，为被评价企业提供改进方向和优化路径，从而体现指标体系的引导作用。

三、社会责任绩效评价指标体系构建的依据

（一）　关于中央企业履行社会责任的指导意见

为了全面贯彻党的十七大精神，深入落实科学发展观，推动中央企业在建设中国特色社会主义事业中认真履行好社会责任，实现企业与社会、环境的全面、

协调、可持续发展，2007年12月29日，国资委印发了《关于中央企业履行社会责任的指导意见》（以下简称《指导意见》）的通知。《指导意见》从8个方面概括了中央企业履行社会责任的主要内容，即"坚持依法经营诚实守信、不断提高持续盈利能力、切实提高产品质量和服务水平、加强资源节约和环境保护、推进自主创新和技术进步、保障生产安全、维护职工合法权益、参与社会公益事业。"

此外，《指导意见》还指出，中央企业应树立和深化社会责任意识、建立和完善履行社会责任的体制机制、建立社会责任报告制度、加强企业间交流与国际合作、加强党组织对企业社会责任工作的领导，以促进中央企业社会责任的履行。

（二）中央企业综合绩效评价管理暂行办法

国资委于2006年4月7日发布了《中央企业综合绩效评价管理暂行办法》，指出综合绩效评价是指以投入产出分析为基本方法，通过建立综合评价指标体系，对照相应行业评价标准，对企业特定经营期间的盈利能力、资产质量、债务风险、经营增长以及管理状况等进行的综合评判，分为任期绩效评价和年度绩效评价。

企业综合绩效评价由财务绩效定量评价和管理绩效定性评价两部分组成。财务绩效定量评价是指对企业一定期间的盈利能力、资产质量、债务风险和经营增长4个方面进行定量对比分析和评判。管理绩效定性评价是指在企业财务绩效定量评价的基础上，通过采取专家评议的方式，对企业一定期间的经营管理水平进行定性分析与综合评判。

企业综合绩效评价指标体系由财务绩效定量评价指标和管理绩效定性评价指标构成。财务绩效定量评价指标依据各项指标的功能作用划分为基本指标和修正指标。管理绩效定性评价指标包括企业发展战略的确立与执行、经营决策、发展创新、风险控制、基础管理、人力资源、行业影响、社会贡献等方面。各指标的权重，依据评价指标的重要性和各指标的引导功能，通过参照咨询专家意见和组织必要测试进行确定。

（三）中央企业综合绩效评价实施细则

2006年9月12日，国资委制定了《中央企业综合绩效评价实施细则》，对中央企业综合绩效评价工作做出了详细规定。

中央企业综合绩效评价指标由22个财务绩效定量评价指标和8个管理绩效定性评价指标组成。财务绩效定量评价指标权重确定为70%，管理绩效定性评价指标权重确定为30%。财务绩效定量评价指标由反映企业盈利能力状况、资产质量状况、债务风险状况和经营增长状况等4个方面的8个基本指标和14个修正指标构成，用于综合评价企业财务会计报表所反映的经营绩效状况。管理绩效定性评价指标包括战略管理、发展创新、经营决策、风险控制、基础管理、人力资源、行业影响、社会贡献等8个方面的指标，主要反映企业在一定经营期间所采取的各项管理措施及其管理成效。企业综合绩效评价指标及其权重，见表3-1。

　　财务绩效定量评价工作具体包括提取评价基础数据、基础数据调整、评价计分、形成评价结果等内容。管理绩效定性评价工作具体包括收集整理管理绩效评价资料、聘请咨询专家、召开专家评议会、形成定性评价结论等内容。财务绩效定量评价标准划分为优秀（A）、良好（B）、平均（C）、较低（D）、较差（E）五个档次，管理绩效定性评价标准分为优（A）、良（B）、中（C）、低（D）、差（E）5个档次。对应5个档次评价标准的标准系数分别为1.0、0.8、0.6、0.4、0.2，差（E）以下为0。根据财务绩效定量评价结果和管理绩效定性评价结果，按照规定的权重和计分方法，计算企业综合绩效评价总分，其中功效系数法用于财务绩效定量评价指标的计分，综合分析判断法用于管理绩效定性评价指标的计分，并根据规定的加分和扣分因素得出企业综合绩效评价最后得分。企业综合绩效评价结果以85分、70分、50分、40分作为类型判定的分数线。

　　绩效改进度=本期绩效评价分数/基期绩效评价分数。绩效改进度大于1，说明经营绩效上升；绩效改进度小于1，说明经营绩效下滑。

表3-1　企业综合绩效评价指标及权数

评价内容与权数		财务绩效（70%）				管理绩效（30%）	
		基本指标	权数	修正指标	权数	评议指标	权数
盈利能力状况	34	净资产收益率	20	销售（营业）利润率	10	战略管理	18
				盈余现金保障倍数	9		
		总资产报酬率	14	成本费用利润率	8	发展创新	15
				资本收益率	7		
资产质量状况	22	总资产周转率	10	不良资产比率	9	经营决策	16
				流动资产周转率	7		
		应收账款周转率	12			风险控制	13
				资产现金回收率	6		
债务风险状况	22	资产负债率	12	速动比率	6	基础管理	14
		已获利息倍数	10	现金流动负债比率	6		
				带息负债比率	5	人力资源	8
				或有负债比率	5		
经营增长状况	22	销售（营业）增长率	12	销售（营业）利润增长率	10	行业影响	8
		资产保值增长率	10	总资产增长率	7	社会贡献	8
				技术投入比率	5		

（四）深圳证券交易所上市公司社会责任指引

针对上市公司应承担的社会责任，深圳证券交易所于 2006 年 9 月 25 日发布了《深圳证券交易所上市公司社会责任指引》（以下简称《指引》），要求在深圳证券交易所上市的公司积极履行社会责任，定期评估公司社会责任的履行情况，自愿披露公司社会责任报告。《指引》将上市公司社会责任定义为"上市公司对国家和社会的全面发展、自然环境和资源，以及股东、债权人、职工、客户、消费者、供应商、社区等利益相关方所应承担的责任"。

关于股东和债权人权益保护，《指引》指出，公司应完善公司治理结构，公平对待所有股东，尽可能地采取网络投票的方式促使更多股东参加会议，行使其权利，此外，对可能影响股东和其他投资者决策的信息应积极进行自愿性披露，并公平对待所有投资者，不得进行选择性信息披露。制定长期和相对稳定的利润分配政策和方法，制定切实合理的分红方案，积极回报股东，在追求股东利益最大化的同时兼顾债权人的利益，不得为了股东的利益而损害债权人的利益。

关于职工权益的保护，《指引》指出，公司应严格遵守《劳动法》，尊重职工人格和保障职工合法权益，建立健全劳动安全卫生制度，按劳分配、同工同酬，不干涉职工信仰自由，不得有歧视行为，建立职业培训制度，职工董事、职工监事选任制度，支持工会工作等。

关于供应商、客户和消费者权益保护，《指引》指出，公司应诚实守信，保证其所提供商品或服务的安全性，敦促客户和供应商遵守商业道德和社会公德，妥善保管供应商、客户和消费者的个人信息，提供良好的售后服务，妥善处理供应商、客户和消费者提出的投诉和建议。

关于环境保护和可持续发展，《指引》指出，公司应根据其对环境的影响程度制定整体环境保护政策，指派具体人员负责公司环境保护体系的建立、实施、保持和改进，并为环保工作提供必要的人力、物力以及技术和财力支持。排放污染物应进行登记，若超标要缴纳排污费。

关于公共关系和社会公益事业，《指引》指出，公司应充分考虑社区的利益，协调与社区的关系，积极参加社会公益活动，促进公司所在地区的发展。主动接受政府部门和监管机关的监督和检查，关注社会公众及新闻媒体对公司的评论。

此外，鼓励上市公司建立社会责任制度，定期检查和评价公司社会责任制度的执行情况和存在的难题，形成社会责任报告，并与年度报告同时对外披露。

（五）上海证券交易所上市公司环境信息披露指引

上海证券交易所于 2008 年 5 月 14 日发布了《关于加强上市公司社会责任承担工作暨发布〈上海证券交易所上市公司环境信息披露指引〉的通知》，指出公司在关注自身及全体股东经济利益的同时，应充分关注包括员工、债权人、客户、消费者及社区在内的利益相关者的共同利益，自觉将短期利益与长期利益相结合，将自身发展与社会全面均衡发展相结合，努力超越自我商业目标。公司应根据所处行业及自身经营特点，形成符合本公司实际的社会责任战略规划及工作机制，鼓励公司及时披露在承担社会责任方面的特色做法及取得的成绩，并在披露公司年度报告的同时披露社会责任报告，在社会责任报告中披露每股社会贡献值，即在基本每股收益的基础上，增加公司年内为国家创造的税收、向员工支付的工资、向银行等债权人给付的借款利息、公司对外捐赠等为其他利益相关者创造的价值额，并扣除公司因环境污染等造成的其他社会成本，反映公司为社会创造的每股增值额。

此外，为了引导上市公司积极履行保护环境的社会责任，促进上市公司重视并改进环境保护工作，对上市公司环境信息披露提出如下要求：上市公司发生与环境保护相关的重大事件（如因环境违规被环保部门调查，被国家环保部门列入污染严重企业名单）且可能对其股票及衍生品种交易价格产生较大影响的，应自该事件发生之日起两日内及时披露事件情况及对公司经营以及利益相关者可能产生的影响。

上市公司可根据自身需要，在社会责任报告中披露或单独披露如下环境信息：公司环境保护方针、年度环境保护目标及成效；年度资源消耗总量；环保投资和环境技术开发情况；排放污染物种类、数量、浓度和去向；环保设施的建设和运行情况；废物的处理、处置情况，废弃产品的回收、综合利用情况；与环保部门签订的改善环境行为的自愿协议；受到环保部门奖励的情况等。但火力发电、钢铁、水泥、电解铝、矿产开发等对环境影响较大行业的公司，应当披露上述前7项环境信息，并重点说明公司在环保投资和环境技术开发方面的工作情况。

被列入环保部门的污染严重企业名单的上市公司，应在环保部门公布名单后两日内披露下列信息：公司污染物的名称、排放方式、超标等情况；环保设施的建设和运行情况；环境污染事故应急预案；公司为减少污染物排放所采取的措施及今后的工作安排。

（六）中国银行业金融机构社会责任指引

中国银行业协会于2009年1月12日发布了《中国银行业金融机构企业社会责任指引》（以下简称《指引》），适用于具有中国法人资格的银行业金融机构，包括在中华人民共和国境内设立的商业银行、城市信用合作社、农村信用合作社等吸收公众存款的金融机构，以及政策性银行、金融资产管理公司和小额贷款公司等。

《指引》指出，银行业金融机构的企业社会责任是指银行业金融机构对其股东、员工、消费者、商业伙伴、政府和社区等利益相关者以及为促进社会与环境可持续发展所应承担的经济、法律、道德与慈善责任。至少应包括经济责任、社会责任和环境责任：经济责任是指在遵守法律条件下，营造公平、安全、稳定的行业竞争秩序，以优质的专业经营，持续为国家、股东、员工、客户和社会公众创造经济价值；社会责任是指以符合社会道德和公益要求的经营理念为指导，积极维护消费者、员工和社区大众的社会公共利益；提倡慈善责任，积极投身社会公益活动，构建社会和谐，促进社会发展；环境责任是指支持国家产业政策和环保政策，节约资源，保护和改善自然生态环境，支持社会可持续发展。银行业金融机构原则上应于每年6月底前向中国银行业协会提交上一年度的企业社会责任报告。

《指引》还表示，银行业金融机构应将社会责任融入发展战略、治理结构、企业文化和业务流程中，依托战略、组织和流程的支持建立履行企业社会责任的长效机制，并建立适当内外部评估机制。

（七）中国工业企业及工业协会社会责任指南

《中国工业企业及工业协会社会责任指南》是中国工经联与11家工业行业协会于2008年4月联合发布的中国工业企业社会责任指南，在要求工业企业自律的前提下，还要求建立工业协会社会责任体系，主要内容包括"建立社会责任体系"和"企业履行社会责任并发布社会责任报告"。其中，企业社会责任体系包含管理体系、制度体系、信息体系和监督体系，在建立并完善社会责任体系的基础上，制定规划，组织实施，切实履行社会责任；工业协会社会责任体系包括社会责任的工作机构、职责任务、管理制度，形成履行自身社会责任和推动企业履行社会责任相协调的组织管理体系。社会责任报告必须包括公开陈述的其他重要内容，如发展战略、公司治理、社会责任组织管理体系等，还包括企业履行社会责任的主要内容：科学发展、保护环境、节约资源、安全保障、以人为本、相关利益、社会公益。

（八）中国企业社会责任报告编写指南

为有效指导企业编写规范的社会责任报告，中国社会科学院经济学部企业社会责任研究中心于2009年12月和2011年3月先后发布了《中国企业社会责任报告编写指南（CASS-CSR 1.0）》和《中国企业社会责任报告编写指南（CASS-CSR 2.0）》（以下简称《指南2.0》）。《指南2.0》积极借鉴国际通行标准和国外先进企业的最佳实践，立足我国经济社会发展阶段和企业实践，充分考虑我国当前的社会议题，提出了我国企业社会责任报告的编制原则、逻辑架构和指标体系。一是提出了"四位一体"社会责任模型。在传统的"三重底线"和利益相关方理论的基础上，《指南 2.0》构建了一个以责任管理为核心、以市场责任为基石，以社会责任和环境责任为两翼的"四位一体"模型。模型打破了国际上通行的经济责任、社会责任和环境责任的初始划分，将客户责任、股东责任和伙伴责任重新组合为市场责任，结构更加平衡。二是突出了责任管理的重要作用。有效的责任管理是企业履行社会责任的基石，没有健全的责任管理体系，企业的履责之路不会长久。《指南 2.0》根据我国企业发展实际，提出了 6 个方面、18 项责任管理指标，有助于引导企业建立责任管理体系。三是突出了行业性特征。《指南 2.0》充分考虑到行业性质对企业履行社会责任的重大影响，除通用指标体系外，还包含了 46 个行业的补充指标体系，有助于充分反映不同行业企业履行社会责任的情况和特点。四是更加强调实用性。《指南 2.0》单列了报告编制流程、报告质量提升方法，还在关键指标后面加入"指标解读"与"示例"，提升了可读性和可操作性。

第二节　企业社会责任绩效评价指标体系的内容

本文在梳理已有的研究成果的基础上，依据企业社会责任的具体内容，建立一套适合于企业社会责任绩效评价的指标体系，并对社会责任的各个维度和具体指标的含义做出解释。

一、研究现状

1971 年 Ernst 运用文本分析，对《财富》500 强披露出的社会责任进行了跟踪研究，归纳出企业社会责任的 6 大范围：①环境（污染控制、产品改进、环境治理、废旧物回收）；②机会平等（种族、妇女、弱势群体、地区平等）；③员工（安全与健康、培训、个人咨询）；④社会（公益活动、健康、教育与文化）；⑤产品（安全质量）；⑥其他（股东信息公开等）。

1979 年美国佐治亚大学卡罗尔（Carroll）认为，"企业的社会责任是社会在一定时期对企业提出的经济、法律、伦理、慈善的希望"。这 4 个部分不是等量齐观的，四大责任权数依次为 4、3、2、1。

Marks Schwartz 于 2003 年提出了 3 个相交圆模型来描述企业社会责任的动因，认为企业承担社会责任的动因可以归结为 3 个方面：经济、制度与道德。根据 3 个动因各自强度的不同，企业社会责任被划分为不同类型，即经济动因主导型、制度动因主导型、道德动因主导型和平衡型，用以表示不同企业社会责任的不同特质。

陈迅、韩亚琴依据社会责任与企业关系的紧密程度把企业社会责任分为 3 个层次：一是"基本企业社会责任"，包括对股东的责任、善待员工；二是"中级企业社会责任"，包括对消费者负责、服从政府领导、搞好与社区的关系、环境保护；三是"高级企业社会责任"，包括积极慈善捐助、热心公益事业。

金立印基于消费者视角，开发了一组用于测评企业社会责任运动的量表体系并对其进行了实证检验。这组测评体系共包含16个具体的指标，构成了回馈社会、赞助教育文化等社会公益事业、保护消费者权益、保护自然环境、承担经济方面的责任5个维度。

李正运用上海市上市公司样本，研究了企业社会责任活动与企业价值的相关性问题，认为15个小类活动6个大类维度属于企业社会责任范畴，具体包括：①环境问题类（污染控制、环境恢复、节约能源或废旧原料回收、有利于环保的产品、其他环境披露）；②员工问题类（员工的健康和安全、培训员工、员工的业绩考核、员工其他福利）；③社区问题类（考虑企业所在社区的利益）；④一般社会问题类（考虑弱势群体的利益，关注犯罪、失业、公共安全等，公益或其他捐赠）；⑤消费者类（产品的安全与质量提高）；⑥其他利益相关者类（债权人、银行等）。

陈留彬设计了一套社会责任评价指标体系，共分为员工权益保护、环保及可持续发展、企业诚信、消费者和债权人权益保护及社区关系、社会公益与慈善活动、社会责任管理6类评价因素，包括一级指标6项，二级指标19项，三级指标51项，其中一级指标的权重分别为0.40、0.18、0.15、0.13、0.08、0.06。通过对山东省企业社会责任任职与履行情况的调查问卷，陈留彬得出如下结论：能源行业企业社会责任状况明显差于其他行业，员工生产安全性差、对环境污染比较严重；中小规模企业的社会责任状况明显差于大型企业和超大型企业的社会责任状况；盈利能力差（亏损）企业的社会责任状况明显差于盈利能力较好企业的社会责任状况。

颜剩勇认为，社会责任应包括经济责任、法律责任、生态责任、伦理责任四大层面，其中经济责任财务评价指标有净资产收益率等26个财务指标，法律责任财务评价有小时工资率等8个财务指标，生态责任评价指标有单位收入材料消耗量等10个，伦理责任评价指标有就业贡献率等16个。对上述指标经过专家意见和问卷调查之后，确定由12个指标构成上市公司社会责任综合财务评价指标体系，其中经济责任指标包括净资产收益率、销售利润率、资本保值增值率、总资产报酬率；法律责任指标包括社保提取率、资产纳税率、罚项支出比率；生态责任指标包括环保投资率和环保经费增长率；伦理责任指标包括社会贡献率、就业贡献率、捐赠收入比率。

复旦大学张文贤教授认为，企业社会责任指标体系应该包括四大方面：财务指标、市场指标、文化指标和公益指标。其中，财务指标包括净资产收益率、总资产报酬率、总资产周转率、流动资产周转率、资产负债率、销售增长率、资本积累率、上缴税收和利润；市场指标包括市场份额增长率、顾客满意度、品牌忠诚度、品牌价值、产品返修率；文化指标包括企业美誉度、学习型组织、团队协作、技术创新、培训投入与产出、工作环境、劳动强度、劳动时间、员工安全与健康、员工幸福指数；公益指标包括环境保护、能源消耗、就业增长、员工福利增长率、公益捐助。

周建等以上市公司为样本，以企业相对国家、员工、投资者和社会公益贡献率作为企业社会责任的评价指标，检验了上市公司社会责任与绩效评价之间的关系。研究发现，我国上市公司相对国家贡献率与企业绩效呈显著正相关，而相对员工贡献率与企业绩效呈显著负相关，相对投资者和社会公益贡献率与企业绩效呈负相关，但不显著。

朱永明认为，现代企业的社会责任包括对政府、股东、员工、消费者、社区、业务伙伴、环保、社会福利与社会公益事业的责任、创新责任以及对社会发展的广义责任共10个方面，进而在评价指标体系中，将之设定为准则层，并根据重要程度分别赋予相应权重，在准则层之下分解为若干指标层，也赋予相应权重。

在西方发达国家，关于企业社会责任的评价越来越多。著名的"未来500强"评估体系，颠覆了传统的以利润为主要内容的评价和排序体系，企业社会责任被赋予更优先的评价层级中，国际上著名的评价指标和评级组织，如多米尼道德指数、道琼斯持续发展指数，《财富》及《商业道德》等都将企业社会责任纳入评价体系中。目前，国际上普遍采用的评价体系有两个：一个是1997年10月由SAI所发布的全球首个道德规范国际标准——SA 8000社会责任标准认证体系；而另一个则是2010年11月由国际标准化组织（ISO）所发布的社会责任指南标准，即ISO 26000。然而，在宏观层面上，由于各国经济社会发展的多样性与复杂性，既有结构和规模的不同，也有发展阶段的差异，更有社会价值体系的千差万别。微观层面上，单就企业社会责任而言，企业社会责任除了经济、法律、环境、社区等相关责任，兼有社会意识与社会制度所决定的价值理念因素。因此，无论是SA 8000还是ISO 26000，其评估标准中所采用的很多指标与内容并不符合中国的国情和企业的经营发展现状。我们应当深入研究国外企业社会责任准则，将企业社会责任国际标准精神与中国企业的实际承受能力相结合，建设一个能体现当代中国社会科学发展、和谐发展理念的主流价值引导的，可持续发展的中国企业社会责任体系。

二、企业社会责任绩效评价指标体系框架

在归纳和借鉴前人研究经验的基础上，笔者认为应该从利益相关者角度将企业社会责任分解为9个维度，包括对股东的责任、对债权人的责任、对政府的责任、对社区的责任、对社会公众的责任、对供应商的责任、对消费者的责任、对环境保护的责任、对员工的责任。其中，股东与员工属于内部利益相关者，债权人、政府、社区、社会公众、供应商、消费者属于外部利益相关者。对每一利益相关者的责任都从财务和非财务两个方面进行评价，并分别建立评价指标。财务指标多数可以从企业财务报告中得出，而非财务指标则需要对利益相关者进行走访，由其作答得出。财务指标与非财务指标相结合可以较为全面地反映企业社会责任的履行情况。此外，如果企业建立社会责任信息披露制度，发布社会责任报告，可以适当加分。本书构建的企业社会责任绩效评价指标体系，见表3-2。

表3-2　企业社会责任绩效评价指标体系

一级指标	二级指标	三级指标
1 对股东的责任	1.1 股东收益及增长情况	1.1.1 净资产收益率
		1.1.2 股利发放率
		1.1.3 每股收益增长率
		1.1.4 是否制定长期和相对稳定的利润分配政策
	1.2 股东权益的保障程度	1.2.1 资本保值增值率
		1.2.2 是否存在管理层道德风险
		1.2.3 是否公平对待所有股东
	1.3 信息披露	1.3.1 信息披露是否真实
		1.3.2 信息披露是否及时
		1.3.3 是否存在选择性信息披露
2 对债权人的责任	2.1 企业的短期偿债能力	2.1.1 流动比率
		2.1.2 速动比率
		2.1.3 现金流动负债比率
	2.2 企业的长期偿债能力	2.2.1 资产负债率
		2.2.2 利息保障倍数
	2.3 企业的信用状况	企业信用评级
3 对政府的责任	3.1 纳税贡献	纳税比率
	3.2 及时纳税	是否存在延期纳税
	3.3 是否积极配合政府相关工作	

续表

一级指标	二级指标	三级指标
4 对社区的责任	4.1 解决社区的就业问题	就业贡献率
	4.2 是否参与社区活动	
	4.3 是否赞助社区活动	
	4.4 是否设专人负责社区关系协调	
5 对社会公众的责任	5.1 公益捐赠	捐赠比率
	5.2 是否关注社会公众及新闻媒体对公司的评论	
	5.3 是否设专门部门进行公共关系管理	
	5.4 是否制定应急事件处理预案	
6 对供应商的责任	6.1 赊账情况	应付账款周转率
	6.2 是否有违约记录	
	6.3 公平交易	
	6.4 商业诚信	
7 对消费者的责任	7.1 产品责任	7.1.1 产品返修率
		7.1.2 产品质量安全
		7.1.3 产品维修与售后服务
	7.2 对消费者的应对	7.2.1 妥善保管消费者的个人信息
		7.2.2 消费者投诉率
		7.2.3 是否对消费者的要求做出积极回应
8 对环境保护的责任	8.1 环保政策的制定和执行	8.1.1 是否有整体环境保护政策和体系
		8.1.2 是否专人定期检查环境保护实施情况
	8.2 环保投入	8.2.1 环保经费占销售收入的比重
		8.2.2 环保经费增长率
	8.3 产品能源消耗	单位收入能耗率
	8.4 污染治理	8.4.1 污染物排放是否超标
		8.4.2 废弃物是否加以综合利用
	8.5 环境罚款支出	环境罚款支出比率
9 对员工的责任	9.1 劳动合同	9.1.1 是否与员工订有劳动合同
		9.1.2 是否执行劳动合同
	9.2 童工	是否使用童工

续表

一级指标	二级指标	三级指标
	9.3强迫或强制劳动	9.3.1员工辞职自由
		9.3.2员工拒绝接受危险岗位工作自由
	9.4工作时间	工作时间是否超过八小时
	9.5薪酬与福利	9.5.1工资增长率
		9.5.2员工福利与社保提取率
		9.5.3员工工资水平是否超过当地最低工资标准
		9.5.4是否按时发放工资和津贴
		9.5.5额外加班是否发放工资
		9.5.6员工是否享有带薪休假
	9.6工会组织与集体谈判权	9.6.1是否建立工会组织
		9.6.2工会在决策中的参与度
	9.7歧视	9.7.1是否存在性别歧视
		9.7.2是否存在种族歧视
	9.8职业健康与安全	9.8.1工作场所卫生设施
		9.8.2工作场所安全设施
		9.8.3员工住宿条件
	9.9职业培训	9.9.1是否建立职业培训制度
		9.9.2员工人均年教育经费

三、企业社会责任绩效评价指标的内涵

（一）对股东的责任

股东是企业自有资金的提供者，在利益相关者中处于最重要的地位。企业对股东的责任主要体现在企业的盈利能力和发展能力上，具体来说，包括以下3个方面：①为股东提供高额回报，财务指标设计上选择"净资产收益率""股利发放率""每股收益增长率"，非财务指标选择"是否制定长期和相对稳定的利润分配政策"；②股东权益的保障程度，财务指标选择"资本保值增值率"，同时辅以非财务指标"是否存在管理层道德风险"和"是否公平对待所有股东"，也即管理层是否肆意挥霍，追逐过高的物质享受，而损害股东的利益，以及中小股东的利益是否能够得到保障；③股东获得信息的真实性、及时性和公平性，主要通过非财务指标"信息披露是否真实""信息披露是否及时""是否存在选择性信息披露"来评价。

净资产收益率=净利润/净资产×100%

股利发放率=股利/净利润×100%

每股收益增长率=本期每股收益/上期本股收益×100%

资本保值增值率=期末所有者权益/期初所有者权益×100%

（二）对债权人的责任

债权人为企业提供了信贷资金，在利益相关者中也扮演着较为重要的角色。企业不得为了股东的利益而损害债权人的利益，对债权人的责任主要体现为企业的偿债能力和企业的信用状况。财务指标主要有流动比率、速动比率、现金流动负债比率、资产负债率、利息保障倍数等。其中，流动比率、速动比率和现金流动负债比率反映短期债权的保障程度，资产负债率和利息保障倍数反映长期债权的保障程度。债权人的利益能否得到保障，主要取决于债务到期能否足额收回本息，如果企业出现财务困难，债权人的利益将无法得到保证，在一定情况下与企业进行债务重组。

流动比率=流动资产/流动负债

速动比率=速动资产/流动负债

现金流动负债比率=经营现金净流量/流动负债

资产负债率=负债/总资产×100%

利息保障倍数=（利润总额+利息支出）/利息支出

（三）对政府的责任

政府为企业正常经营提供了稳定的环境，企业对政府的责任主要体现在以下三个方面：①纳税贡献，主要通过财务指标"纳税比率"来说明；②及时纳税，主要设置非财务指标"是否存在延期纳税"来说明政府权益是否得到及时保障；③积极配合政府相关工作。社会贡献率、社会积累率和每股社会贡献值都具有一定的综合性，而不仅仅反映了企业对政府的责任，所以此处并未涉及。

纳税比率=纳税额/营业收入

（四）对社区的责任

企业总是存在于一定的社区中，因此应充分考虑社区的利益，积极参加社区活动，设立专门机构或指定专人协调公司与社区的关系，并为社区就业与人员安置做出贡献。企业对社区的责任主要通过非财务指标来反映，包括"是否参与社区活动""是否赞助社区活动""是否设专人负责社区关系协调"。此外，设置财务指标"就业贡献率"来具体说明企业对社区就业作出的贡献。

就业贡献率=安置社区人员/全体员工总数×100%

（五）对社会公众的责任

社会公众是企业潜在的投资者和消费者，为企业提供了重要的关系资源，属于潜在的利益相关者。在现代网络媒体发达，信息传播迅速的时代，一条不利于公司发展的负面新闻可能导致公司陷入经营困境，因此，企业应树立良好的社会形象，赢得公众的认可。为了衡量企业对社会公众责任的履行情况，我们设置了财务指标"捐赠比率"用以反映企业对外捐赠支出占其收入总额的比重，并设置了3个非财务指标"是否关注社会公众及新闻媒体对公司的评论""是否设专门部门进行公共关系管理""是否制定应急事件处理预案"来考查。

捐赠比率=对外捐赠支出/收入总额×100%

（六）对供应商的责任

供应商为企业提供原材料，为企业进行生产提供了物质基础和保证，同时材料成本的高低直接决定了企业利润的大小，所以供应商是企业重要的利益相关者之一，企业对供应商的责任主要体现在及时偿还所欠账款，正常履约。在财务指标的选择上，"应付账款周转率"用以反映应付账款的流动程度，该指标越高，说明企业占用供应商的资金越少。此外，设计"是否有违约记录""公平交易""商业诚信"等非财务指标来反映企业对供应商的责任。

应付账款周转率=营业成本/平均应付账款余额×100%

（七）对消费者的责任

消费者认可、购买企业产品，为企业创造了价值，所以消费者在企业利益相关者中扮演重要角色。消费者主要关注产品的质量和价格，所以企业对消费者的责任主要体现在提高产品质量，为顾客提供满意的服务，并尊重消费者的知情权和选择权。为此，我们设计了财务指标"产品返修率"，并通过一系列非财务指标来说明，包括"产品质量安全""产品维修与售后服务""妥善保管消费者的个人信息""顾客满意度""对消费者要求的回应"。

产品返修率=产品返修数量/产品销售数量×100%

（八）对环境保护的责任

企业的存续和发展离不开一定的自然环境，并对环境造成一定的破坏，所以企业应当对环境保护承担一定的责任，从高碳模式转变为低碳模式，减少污染物排放和碳排放，提高资源的使用效能，实现经济、社会与环境的可持续发展。为了体现企业环境责任的履行情况，选择"单位收入能耗率"作为定量指标，用以说明资源的消耗程度，包括水、电、煤炭、石油、天然气等资源，从而判定属于高能耗还是低能耗；此外，财务指标"环保经费占销售收入的比重"和"环保经费增长率"用以反映企业对环保的投入程度以及长期发展趋势，环保经费包括环境污染治理投入和环境管理与科技投入；"环境罚款支出比率"用以反映企业环境违规成本所占比重。在非财务指标上，从"是否有整体环境保护政策和体系""是否专人定期检查环境保护实施情况""污染物排放是否超标""废弃物是否加以综合利用"等方面加以衡量。

单位收入能耗率=企业能源消耗量/销售收入×100%

环保经费占销售收入的比重=环保经费支出/销售收入×100%

环保经费增长率=（本年环保经费-上年环保经费）/上年环保经费×100%

环境罚款支出比率=环境罚款支出/销售收入×100%

（九）对员工的责任

员工为企业提供了人力资源，所以员工是企业利益相关者体系的构成之一，企业对员工的责任主要体现在为员工提供较为理想的工作环境，同工同酬，按时发放工资和津贴，为员工提供必要的职业培训，并使职工在公司治理中享有充分权利。为此，我们设计了9个二级指标，包括劳动合同、童工、强迫或强制劳动、工作时间、薪酬与福利、工会组织与集体谈判权、歧视、职业健康与安全、职业培训。二级指标下设三级指标，通过三级指标来具体说明，详见表3-2。

定量指标包括"工资增长率""员工福利与社保提取率""员工人均年教育经费"。定性指标的设计主要参考SA 8000标准，从"是否与员工订有劳动合同""是否执行劳动合同""是否使用童工""员工辞职自由""员工拒绝接受危险岗位工作自由""工作时间是否超过八小时""员工工资水平是否超过当地最低工资标准""是否按时发放工资和津贴""额外加班是否发放工资""员工是否享有带薪休假""是否建立工会组织""工会在决策中的参与度""是否存在性别、种族等歧视""工作场所卫生设施""工作场所安全设施""员工住宿条件""是否建立职业培训制度"等方面来衡量企业对员工的责任履行情况。

工资增长率=（本年员工平均收入 - 上年员工平均收入）/上年员工平均收入×100%

员工福利与社保提取率=员工福利与社保总额/企业员工工资总额×100%

员工人均年教育经费=企业年教育经费总额/员工总数

第四章 企业社会责任绩效评价的方法与模型

第一节 企业社会责任绩效评价的主要方法

一、绩效评价方法模型研究概述

（一）绩效评价概述

关于绩效评价的分类，目前有很多种。文献按照不同的分类标准将评价进行如下划分：

从时间维度分为前评价、跟踪评价和后评价。该分类是按照评价对象时间进度划分，在不同阶段开展的评价。

从评价内容维度分为单项评价和综合评价。该分类是按照主要条件和制约因素划分，对于不同评价对象的条件所做的评价。单项评价是对评价对象的某一个指标进行评价，只能对评价对象的某一个方面进行简单的评价。综合评价是对评价对象各方面评价内容作汇总性和综合性的全面评价，可以采用相应的方法对评价结果进行综合与集成。

从评价技术维度分为专家评价方法、数学评价方法和混合评价方法，是在明确了评价目的、评价内容基础之上，进行评价过程中所涉及的技术工具。

由于影响评价对象的因素众多而且复杂，仅从单一指标上对被评价对象进行评价不尽合理。实际评价中需将反映评价对象多项指标的信息加以汇集，得到一个综合指标，从整体反映被评价对象的整体情况，这就是多指标综合评价，也叫综合评价。综合评价的特点是：它包含了若干个指标，这些评价指标分别说明被评价对象的不同方面；评价方法最终要对被评价对象做出一个整体性的评判，用一个总指标来说明被评价对象。

随着影响评价的因素越来越多，对评价工作本身的要求越来越高，为了克服主观性和片面性，体现科学性和规范性，评价工作不但要考虑结构化、定量化的因素，还要考虑大量非结构化、半结构化、模糊性等因素。这些都要求评价时采用综合评价，才能尽可能客观、真实地反映被评价对象。

（二）评价方法模型概述

目前对评价问题的研究可以分为两大类：一类是针对评价指标体系的研究；另一类是针对评价方法，特别是针对综合评价方法的研究。前者解决的是个性问题；后者则针对的是评价中的共性问题，是评价研究领域中最重要的问题之一，而且也是评价领域研究的热点。

评价的关键问题之一是从众多的方法模型中选择一种恰当的方法，评价方法是实现评价目的的技术手段，评价目的与评价方法的匹配是体现评价科学性的重要方面，正确理解和认识这一匹配关系是正确选择评价方法的基本前提。评价目的与评价方法之间要想进行有效匹配，需要对于特定的评价目的选择科学、高效和合理的评价方法。

评价方法有广义和狭义两种概念。广义上的评价方法包括评价准备、评价设计、信息获取、评价分析与综合、撰写评价报告等评价活动全过程的方法。狭义上的评价方法特指评价分析与综合的方法。

综合评价的具体方法有多种，总体思路包括熟悉评价对象、确立评价指标体系、确定各指标的权重、建立评价的数学模型、分析评价结果等几个重要环节。其中，确立指标体系、确定各指标的权重、建立评价的数学模型是综合评价的关键环节。

在评价模型方面，20世纪60年代，模糊数学在综合评价中得到了较为成功的应用，产生了特别适合于对主观或定性指标进行评价的模糊综合评价方法。20世纪70—80年代，现代科学评价蓬勃兴起，在此期间，产生了多种应用广泛的评价方法，诸如层次分析法、数据包络分析法等。20世纪80—90年代，现代科学评价向纵深发展，人们对评价理论、方法和应用开展了多方面、多层次卓有成效的研究，比如，将人工神经网络技术和灰色系统理论应用于综合评价。目前的文献对评价方法的分类有多种，按照系统分析的观点和方法，从总体上将常用的评价模型分为3个大类：专家评价方法、数学方法和混合方法。常用的综合评价方法分为：①定性评价方法，包括专家会议法和德尔菲（Delphi）法；②技术经济分析方法；③多属性决策方法；④运筹学方法；⑤统计分析方法；⑥系统工程方法；⑦模糊数学方法；⑧对话式评价方法；⑨智能化评价方法。

随着科学的发展，不同知识领域出现相互融合和交叉的趋势，同时不同方法的综合和交叉也促进新方法和新思想的产生。近年来，许多学者针对综合评价问题提出新的研究思路，主要有系统模拟与仿真评价方法、信息论方法、灰色系统理论与灰色综合评价、物元分析方法与可拓评价、动态综合评价方法、交合分析法、基于粗糙集理论的评价方法。

综合评价的目的，通常是对若干对象，按一定意义进行排序，从中挑选出最优或最劣对象。对于每一个评价对象，通过综合评价和比较，可以找到自身的差距，也便于及时采取措施进行改进。任何一种综合评价方法，都要依据一定的权数对各单项指标评判结果进行综合，权数比例的改变会变更综合评价的结果。另外，非数量性评判因素的评判，主要依赖于投票者对评价对象的主观感受。对同一评判对象，不同评价者的主观感受是不一样的，由此得出的综合评价结果即存在一定的主观性，这就要求在进行综合评价时必须以客观性为基础，提升评价方法的科学性，保证评价结果的有效性。由于各种综合方法都存在一定的局限性，在具体使用的过程中，其结论可以作为认识事物、分析事物的重要参考依据，但不能作为决策的唯一依据。

二、主要综合评价模型的优缺点分析

综合评价是决策科学化的基础，是实际工作迫切需要解决的问题。但是由于每种评价方法都有其自身产生的背景和局限性，难免存在不足之处。从目前国内外的文献看，多数学者在评价方法的研究上都遵循着一种思路，即针对某个问题构造一种新的方法，然后用一个例子来说明其方法的有效性，这必然导致综合评价模型方法的理论研究与实际应用之间存在一定误差。另外，随着理论研究的不断深入，评价方法也越来越复杂，往往使理论成果的推广应用受到很大的局限。下面我们对主要综合评价模型进行优缺点分析，以便从中选择和构建适合企业社会责任绩效评价的综合模型。

（一）定性评价方法

定性评价方法包括专家会议法和德尔菲法。前者组织专家面对面交流，通过讨论形成评价结果。后者在征询专家意见时采用背靠背评价方法，然后由评价者进行汇总，具有操作简便，有效利用专家知识，结论易于使用的特点；但存在主观性较强，多人评价时结论难收敛的缺点。该方法适用于战略层次的决策分析、不能或难以量化的大系统、简单的小系统。

（二）技术经济分析方法

技术经济分析方法包括经济分析法、技术分析法。前者通过价值分析、成本效益分析、价值功能分析；后者通过可行性分析、可靠性评价等。具有方法含义明确、可比性强的优点，却存在建立模型比较困难。该方法只适用评价因素少的对象，常用于大中型投资与建设项目、企业设备更新与新产品开发效益等评价。

（三）多属性决策方法

多属性决策方法也称有限方案多目标决策方法。该方法通过化多为少、分层序列、直接求非劣解、重排次序等方法来排序与评价，对评价对象描述比较准确，可以处理多决策者、多指标、动态的对象、刚性的评价，应用领域较广泛。但该方法存在无法涉及有模糊因素的对象优化系统的评价与决策的缺点。

（四）运筹学方法

数据包络分析模型是这类方法的典型代表。数据包络分析根据输入、输出数据对同类型部门、决策单元进行相对效率与效益方面的评价。数据包络分析完全基于指标数据的客观信息进行评价，剔除了人为因素带来的误差，以相对效率为基础，按多指标投入和多指标产出，对同类型单位相对有效性进行评价，是基于一组标准来确定相对有效生产前沿面，可以评价多输入多输出的大系统，并可用"窗口"技术找出单元薄弱环节加以改进，但只表明评价单元的相对发展指标，无法表示出实际发展水平。数据包络分析不需要预先给出权重是其优点，同时也是其缺点。因为在实际应用中人们往往需要对输入、输出之间的权重信息有一定的了解，并且根据不同的评价目的，在评价过程中需要对各指标的权重进行一定的约束，单纯的数据包络分析模型得到的权重缺乏合理性和可操作性，需要修正。数据包络分析方法中各个决策单元是从最有利于自己的角度分别求权重的，从而使得每个决策单元的特性缺乏可比性，得出的结果可能不符合客观实际。

该方法常用于评价经济学中生产函数的技术、规模有效性、产业的效益、教育部门的有效性。

（五）统计分析方法

统计分析方法包括主成分分析方法、因子分析方法、聚类分析方法、判别分析方法。其中，主成分分析方法可以对原始变量相关矩阵内部结构进行研究，找出影响某个经济过程的几个不相关的综合指标来线形表示原来变量。

用主成分分析方法进行多指标综合评价具有以下优点：

1. 消除评价指标间的相关影响。多指标综合评价中各评价指标彼此间往往存在着相关关系，这表明这些指标反映的信息有重复。消除重复信息对综合评价值的影响，有助于正确认识被评价对象的相对地位。

2. 减少指标选择的工作量。其他多指标综合评价方法难以消除评价指标间的相关影响，选择评价指标比较困难。主成分分析方法能够消除这种重复影响，指标选择相对容易。主成分分析方法可以保留原始评价指标的大部分信息。

3.主成分分析将原始变量变换为分量的同时形成反映分量和指标包含信息量的权数，权数的确定比较科学。

主成分分析方法的不足之处主要有以下方面：

1.在计算综合评价值时，没有反映出指标本身的相对重要程度。

2.如果初始指标之间的相关程度不高时，降维的作用不明显。

3.主成分分析中原始变量与分量线性关系，可能导致对非线性关系反映上的偏差。

4.用主成分分析方法进行多指标综合评价时，往往用 Z-Score 法进行无量纲处理，这要求数据个数较多时应用效果才比较好，即要求被评价对象（样本）个数较多。常用于对评价对象进行分类。

因子分析方法根据因素相关性大小把变量分组，使同一组内的变量相关性最大。该方法具有全面性、可比性、客观合理性的优点，存在因子负荷符号交替，使得函数意义不明确，需要大量的统计数据，没有反映客观发展水平的缺点，常用于反映评价对象之间的信赖关系，对评价对象进行分类。

聚类分析方法计算对象或指标间距离，或者相似系数，进行系统聚类；判别分析方法计算指标间距离，判断所归属的主体。这两类方法可以解决相关程度大的评价对象，但是需要大量统计数据。聚类分析方法用于证券组合投资选择、地区发展水平评价等。判别分析方法用于主体结构的选择、经济效益综合评价等。

（六）系统工程方法

系统工程方法包括关联矩阵法、层次分析法。其中，关联矩阵法确定评价对象与权重，对各备选方案有关评价内容确定价值量，适用于静态评价，如新产品开发计划与结果、交通系统安全性评价等。

层次分析法（Analytical Hierarchy Process，AHP）针对多层次结构的系统，用相对量的比较，确定多个判断矩阵，取其特征根所对应的特征向量作为权重，最后综合得出总权重。层次分析法完全依靠主观评价作出方案的优劣排序，所需数据量很少，决策花费的时间很短。从整体上看，层次分析法是一种测度难以量化的复杂问题的手段。它能在复杂决策过程中引入定量分析，并充分利用决策者在两两比较中给出的偏好信息进行分析与决策支持，既有效地吸收了定性分析的结果，又发挥了定量分析的优势，从而使决策过程具有很强的条理性和科学性。这种方法能够统一处理决策中的定性与定量因素，具有实用性、系统性、简洁性等优点，并且排序方法简单，容易操作，可靠度比较高，误差小。需注意，层次分析法涉及因素众多、规模较大的问题时容易出现问题。它要求评价者对问题的本质、包含的要素及其相互之间的逻辑关系掌握得十分透彻。在层次分析法的使用过程中，无论是建立层次结构还是构造判断矩阵，人的主观判断、选择、偏好对结果的影响都极大，判断失误即可能造成决策失误，导致用层次分析法进行决策时主观成分很大。当决策者的判断过多地受其主观偏好影响，而产生某种对客观规律的歪曲时，层次分析法的结果不可信。要使层次分析法的决策结论尽可能符合客观规律，决策者必须对所面临的问题有比较深入和全面的认识。

该方法常用于成本效益决策、资源分配次序、冲突分析，特别适合在社会经济系统的决策分析中使用等。

（七）模糊数学方法

模糊数学方法包括模糊综合评价方法、模糊积分方法、模糊模式识别方法。模糊数学方法引入隶属函数，实现把人类的直觉确定为模糊综合评价矩阵，可以克服传统数学方法中"唯一解"的弊端，根据不同可能性得出多个层次的问题题解，具备可扩展性，符合现代管理中"柔性管理"的思想。这类方法中应用较多的是模糊综合评价方法。

模糊综合评价方法的优点主要有以下几点：

1.模糊综合评价结果以向量的形式出现，提供的评价信息比其他方法丰富。模糊综合评价结果是一个模糊子集的向量，能比较准确地刻画事物本身的模糊状态。

2.模糊综合评价从层次性角度分析复杂事物，符合复杂事物的状况，同时也有利于确定权数。

3.模糊综合评价方法可用于主观指标的综合评价，也可用于客观指标的综合评价。在主观指标的综合评价中，由于其模糊方法的独特作用，评价效果要优于其他方法。

4.模糊综合评价中的权数属于估价权数，可根据评价人员观察角度不同调整评价指标的权系数，确定权系数的方法适应性较强。

其缺点主要是：

1.模糊综合评价过程本身不能解决因评价指标间相关而造成的评价信息重复问题，需在评价前对指标进行处理。

2.在模糊综合评价中，指标权数确定具有较大的灵活性，带有一定的主观性，但如果对被评对象的指标信息量考虑不够，有可能影响评价结果。

3.隶属函数、模糊相关矩阵的确定还没有系统的方法，且合成的算法也有待进一步探讨。

该方法常用于消费者偏好识别、决策中的专家系统、证券投资分析、银行项目贷款对象识别等，应用较广泛。

（八）智能化评价方法

该方法应用较多的是基于BP算法的人工神经网络评价。该方法通过人工神经网络技术模拟人脑智能化处理过程，通过BP算法，学习或训练获取知识，并存储在神经元的权值中，通过联想把相关信息复现。能够"揣摩""提炼"评价对象本身的客观规律，对相同属性评价对象的评价网络具有自适应能力、可容错性。该方法能够处理非线性、非局域性与非凸性的大型复杂系统，既能充分考虑评价专家的经验和直觉思维的模式，又能降低综合评价过程中的不确定性因素；既具备综合评价方法的规范性，又能体现出较高的问题求解效率。人工神经网络可以根据用户期望的输出不断修改指标的权值，直到用户满意为止，神经网络具有自适应能力，能对多指标综合评价问题给出一个客观评价，可以弱化人为确定权重时的主观因素。并且随着时间、空间的推移，各指标对其对应问题的影响程度也可能发生变化，按传统方法确定的初始权重不一定符合实际情况，这时需要进行调整，而且整个分析评价是一个复杂的非线性大系统，应该建立权重的学习机制，这就是人工神经网络的优势。利用人工神经网络来确定各项指标的权重，通过对已知样本的学习，既可以获得评价专家的经验知识，又可以获得对目标重要性的权重协调能力，尽可能消除权重确定方法中的人为影响，保证权值的有效性和实用性。因此，一般来说，人工神经网络评价方法得到的结果更符合实际情况。

但该方法也存在一定的缺点，如评价模型具有隐含性，不能提供解析表达式，最终无法得出一个"显式"的评价模型，权值不能解释，也不能用来分析因果关系。因此，在使用该方法时需要合理地选择网络参数，通过适当地设置隐含层神经元数目，学习步长等，可以避免迭代过程的振荡、网络陷入局部极小点和过拟合等问题。

人工神经网络应用领域较广，涉及银行贷款项目、股票价格的评价、城市发展综合水平的评价等。

三、企业社会责任绩效评价方法

早期社会责任评价方法有声誉指数法（Reputation Index）和内容分析法（Content Analysis）。声誉指数法由专家学者对公司的相关政策进行主观评价后得出排序，简单但主观性太强；内容分析法则由于缺乏专门反映其社会责任的报表和文件而导致分析的不准确。1982年，美国学者Jeffrey Sonnenfeld提出外部利益相关者评价模式，虽然采用了定量统计分析方法，但忽略了内部重要的利益相关者（如职工），且反映企业社会责任的7个维度的权重没有区别。1995年，加拿大学者Clarkson提出RADP模式，用定性方法把企业社会绩效分为对抗型、防御型、适应型和预见型4个等级，分类较为粗略，无法做出精确的比较，且评价数据均来源于企业内部，可靠性存在一定问题。后来，由KLD公司开发的基于利益相关者理论的KLD指数被认为是评价企业社会责任较好的方法。

从20世纪80年代开始，西方理论界针对企业社会责任相继提出了各种企业社会责任评价模型，如索尼菲尔德模式、RADP模式、KLD指数法、声誉指数法、内容分析法、战略性企业社会责任与平衡计分卡。

（一）评价模型分述

1.索尼菲尔德模式

索尼菲尔德通过社会责任和社会敏感性两个方面，对美国6家林业企业进行外部利益相关者的问卷调查对社会绩效进行研究。问卷要求利益相关者对这几家企业的社会责任和社会敏感性进行综合评价，同时对社会敏感性的7个维度分别评价。这些利益相关者包括投资分析家、工会领导、环保主义者、政府监管员、联邦监管员、国会议员、行业协会官员、学者等。评分标准为5分制，4～5分为较好，3分为一般，1～2分为较差。这6家企业的市场和规模大致相当（20亿美元以上的销售收入和2500名员工），调查内容和对象是通过他与这6家企业的103位经理反复面谈确定的。

2.RDAP模式

1996年，克拉克森提出了利益相关者的RDAP模式，认为应从企业、员工、股东、顾客、供货商、公众利益相关者等方面搜集资料来评价企业社会绩效。企业方面是指企业自身的情况，包括企业历史、行业背景、组织结构，在利益相关者管理方面的目标、准则，以及企业的利益相关者和社会问题管理系统的概况。其他方面则主要是指企业对不同利益相关者的管理政策。克拉克森编制了指标描述与数据搜集指南，例如，在公共利益相关者方面的数据需要从以下6个方面搜集：①公众健康，安全与保护；②能源与原料保护；③投资项目的环保评估及其他环保问题；④公共政策参与；⑤小区关系；⑥社会投资与捐赠。在此基础上，克拉克森借鉴了沃提克和寇克兰描述企业社会绩效战略的4个术语，建立了评价企业社会绩效的RDAP模式，这4个术语是："对抗型"（Reactive）、"防御型"（Defensive）、"适应型"（Accommodative）和"预见型"（Proactive），这些术语很适合描述企业在利益相关者方面的战略（见表4-1）。

表4-1　克拉克森RDAP模式

等级	定位或战略	企业行为
1.对抗型	否认责任	比要求的做得少
2.防御型	承认责任但消极对抗	尽量少履行

3.适应型	承认责任并接受责任	仅做到所有要求的事项
4.预见型	预见其将要担负的责任	比要求的做得多

3.KLD指数法

KLD指数（The KLD Index）是KLD公司的分析师独立创设的一种评价公司与相关利益者之间关系的评级标准。研究用小区关系、员工关系、自然环境、产品的安全与责任，以及妇女与少数民族问题、核能、军备和南非事务等8个与企业社会绩效相关的变量去评价企业对其利益相关者的责任。企业在这8个方面的努力程度被分成5个等级（-2到+2）；其中，-2为企业对相关利益者不负责任，+2为企业对相关利益者负责任；中间状态则被分成三个等级（-1，0，1），由利益相关者对其打分。再加上有各个社会阶层人员参与，在一定程度上增加了评价的公正性和客观性。Waddoek和Graves是最先使用KLD指数进行实证研究的学者，他们从数据库中抽取出标准普尔500强企业多年的企业社会表现与企业财务绩效的资料，对研究期间的企业社会表现分别与前期和后期企业财务绩效之间的关系进行考察。此外还有Berman、Wicks、Kotha和Jone，Rowley和Berman以及Brown、Jarmey和Paul等的研究也是采用了体现利益相关者理论的KLD指数来衡量公司社会责任。

4.声誉指数法

从1982年开始，《财富》杂志每年提供大约40个行业的300多家公司的声誉排名。声誉指数法（Reputation Index）是由专家学者通过对公司各类社会责任方面的相关政策进行主观评价后得出公司声誉的排序结果。《财富》公司的声誉指数法包括8个方面的指标，分别是财务稳健、长期投资价值、资产使用、管理质量、创新、产品和服务质量、人才吸引、培养与使用，以及小区和环境责任。方法是将公司与其领域的竞争对手进行比较并打分排序，声誉指数是各项指标得分的算术平均数，评级结果在次年1月公布。调查对象包括超过8000个高管、外部董事和分析师。Moskowitz在1972年选出了14家他认为社会责任表现较好的企业，并根据自己评定的社会责任表现的标准建立了自己的声誉指标体系，把企业分成了"优异的""值得鼓励的"和"最差的"3类。

5.内容分析法

内容分析法是通过分析公司已公开的各类报告（特别是企业年度报告）来确定企业在某一特定方面的分值或数值，综合得出对公司社会责任的评价。Abbott和Monsen根据Ernst和Ernst所编制的《财富》500强企业年报摘要的内容，按照摘要内容是否揭示公司参与社会责任活动来构建所谓"社会参与度披露指标"，该指标对环境、机会平等、人力资源、产品及其他等六大方面内容进行量化。

（二） 评价模型比较

上述经典模式中，影响最大的是美国学者索尼菲尔德（Jeffrey Sornienfeld）的外部利益相关者评价模式，加拿大学者克拉克森（Clarkson）的RADP模式。

索尼菲尔德模式的优点在于：

1.引入了定量统计分析方法，使不同企业的社会责任有可比性。

2.通过外部利益相关者的调查来对企业的社会责任进行评价，对企业的评价结论更为客观。

3.按利益相关集团的类别进行统计分析，避免了不同利益相关者的偏好对整个评价结果的影响。

4.从社会责任和社会敏感度两个维度对6家企业的社会绩效进行定位。

该模式的缺点在于：

1.社会责任和社会敏感性两个概念的含义依然没有明确界定。

2.没有给出企业敏感度7个维度的权重。

3.没有将企业内部的重要利益相关者纳入在内，缺乏内部视角。

RDAP模式的优点在于：

1.清晰地定义了企业的利益相关者，首次引入了从利益相关者维护其权利的视角。

2.把企业的社会绩效分为4种类型（对抗型、防御型、适应型和预见型），给管理者传达的信息直观明了。

其缺点在于：

1.用定性的方法把企业的社会绩效分为4种类型，难以精确比较同一类型内的企业履行社会责任的情况。

2.企业社会责任评价的数据均来源于企业内部，缺乏外部监督，无法完全确定数据的真实性和可靠性。

KLD指数法和声誉指数法主要对指标的设计和调查对象作了细化和改进，内容分析法对受到客观环境限制而无法获得权威专家意见的学术研究提供了分析思路。

四、战略性企业社会责任与平衡计分卡

（一） 战略性企业社会责任的内涵

随着社会责任理论和实践的发展，从深层次看来，企业履行社会责任必然成为企业可持续发展战略的一部分。同时，社会责任扩大了企业的管理范围，任何一个精明的管理者都不会放弃能够给企业带来持久竞争力的因素。战略意味着选

择那些能实现企业价值目标的行为，并以一种与竞争对手截然不同的方式来实施。战略性企业社会责任的提出就是将企业社会责任融入企业战略框架的一个有价值尝试，是企业社会责任研究明确提升到战略高度的阶段性成果。克雷斯首先提出来"新企业慈善行为"的概念，它的特点是与企业目标有共同之处的社会责任事件和活动提供长期的支持，期望此类慈善事业可以更好地彰显企业价值。Burke Logsdon最早提出"战略性社会责任"，他们看到了企业社会责任实践能同时产生社会价值和经济价值，当企业社会责任能有效地支持企业核心业务时便能提高企业财务绩效，有利于完成企业使命，进一步为企业带来大量商业利益，这便是战略性企业社会责任。

战略性企业社会责任的5个维度包括：企业社会责任项目与企业使命和目标的一致性、企业社会责任项目的专用性、按环境趋势来规划行为的前瞻性、不受外部制约而自由决策的自愿性，以及赢得认可的可见性。他们指出，战略性企业社会责任行为可以使企业实现顾客忠诚、生产率提升、新产品和新市场的开发等目标，从而为企业创造价值，进而带来显而易见的经济收益。企业履行社会责任带来竞争优势或者直接的经济利益可以用社会资本来解释，当企业与利益相关者能够和谐相处时，在企业发展中能够整合的资源就会增加，这对于一个企业的成功至关重要。Unido认为，企业实践社会责任是逐步由从事一般公益慈善，朝结合公司战略，逐步深化内部价值的趋势发展。有鉴于Lantos将社会责任理解为慈善性福利，在内涵上存在不妥。2002年12月，Porter和Kramer在《哈佛商业评论》上发表了题为《企业慈善事业的竞争优势》的文章，以竞争优势理论为基础，明确了战略性慈善事业的定义，即经济效益和社会效益双举的状态，丰富了战略性企业社会责任的内涵。Porter指出，应把企业社会责任实践融入企业经营战略中来，以社会责任的投入来赢得企业差异化竞争力，企业承担社会责任不只是成本，相反，是企业获得竞争、创新和可持续发展的原动力。Porter的思想充分体现了战略就是在不确定的环境中为企业争取更多的资源并使掌握的资源发挥最大的效用。不同性质的社会责任作用是否一样，Craafland和Ven对此进行了研究，研究结果表明，战略性社会责任效果最明显的同时企业综合成本也最低。杜培枫注意到进入21世纪，跨国公司开始有意识地以战略性社会责任来打造自身的新形象；胡刚的调查也显示跨国企业将社会责任纳入企业整体发展战略。徐超和陈继样认为，能够支撑企业核心业务发展和有效实现企业愿景的社会责任就是战略性的；张浩认为，战略性社会责任由企业整体战略和行业关键成功因素及核心竞争力决定。虽然学者对战略性企业社会责任的理解各不相同，但基本观点都很相似。他们都认为，战略性企业社会责任是企业兼顾发展战略和外部利益相关者的企业战略行为，能极大地统一企业诉求和社会期望，在增强企业竞争优势的同时推动社会发展。企业社会责任管理理论和实践因战略性企业社会责任的提出得到进一步发展。

（二）战略性社会责任的实施

对企业社会责任行为理解上的两个误区导致了长期以来社会责任效果的低下：一是将社会责任等同于慈善捐赠，认为无偿捐赠就是社会责任；二是将社会责任作为没有收益的投入。Porter 从战略的角度提出了承担企业社会责任的价值链模型和钻石模型，用以说明社会责任的理解应超出以上判断。价值链模型用于验证企业社会责任方向，即通过详细检查社会责任活动，发现有利或不利的问题。钻石模型用于企业挖掘社会责任和企业核心竞争优势结合点，从外部环境寻找问题，并在解决问题过程中提升企业竞争力。Porter 提供了战略性社会责任施行的操作指南，激发企业遵循操作指南主动进行战略性社会责任。企业若打算将社会责任纳入自身的可持续发展战略，推行战略性社会责任活动，则必须对社会责任活动的方式进行根本性的转变。对社会责任活动和竞争环境之间关系的了解可以有效帮助企业确定自己的社会责任应该以何处为重点。刘宝从要素投入、生产过程、产品、产业竞争和市场 5 个方面将企业战略性社会责任进行分类，即成本领先型、资源开发型、差异化型、策略性影响型和市场拓展型。不同类型的企业可以结合自身条件选择合适的社会责任行为。企业可以通过履行社会责任来改变其所处的竞争环境，从而获得差异化的竞争优势。通过对企业所在社会环境的生产要素、需求情况、战略和竞争环境，以及相关和支持性产业的分析，企业可以找到能够同时实现社会目标与经济目标的社会责任活动领域。这样做可以提高企业自身的竞争力，还有助于提升所在组群竞争力。战略性社会责任实践是一个从选择、运行到监控的完整链条，是企业战略规划工作的一部分。企业与个人不同，其以专业化的经济组织存在，不能仅从道德、热情、良心等出发持有不求回报的"慈善导向的社会责任观"，必须克服短期逐利的冲动，在基于社会资本的资源整合系统为"连接机制"下取得社会价值和经济价值的均衡为目的，从长远发展的角度构建战略性社会责任。唯有如此，方能令企业在可持续发展的道路上获得长久的利益。

（三）平衡计分卡理论

卡普兰和诺顿从建立一种全面绩效评价工具的理念出发发明了平衡计分卡。在不断探索、改进的道路上，平衡计分卡已经逐步发展成为一个战略实施与管理的有效工具。1992 年，卡普兰和诺顿将平衡计分卡演绎成为一种全新的多层次综合业绩评价方法。平衡计分卡主要包括如下 4 个方面内容。

1.财务维度

财务指标是企业经营现实最终结果的集中体现，即在具有一定风险的情况下使获得最大化的企业投资收益率。通过对财务指标的计算和分析，能够比较直观地表现出企业的日常经营状况，并且财务业绩一定程度上可以作为描述过去企业战略实施是否在为财务状况不断改善作出努力。财务指标是向利益相关者传递企业价值最有效的指标。财务目标和指标确定战略的预期财务业绩，成为平衡计分卡余下3个维度目标和指标的最终指向点，是业绩评价的核心，企业的所有目的就是不断提高财务业绩，为股东创造更大价值。财务指标是一种综合指标，也是一个有变化的指标。平衡计分卡要求根据企业所处发展时期或阶段的不同以及本身行业的特点作出判断，相应地选择财务业绩计量指标。

2.客户维度

客户维度是平衡计分卡中，顾客以外部利益相关者视角来评价企业经营状况。企业的发展是不断满足客户现在和潜在的需求过程。为了产生更好的财务效益，管理者必须时刻关注顾客反应和企业的市场策略。对客户维度的评价主要考虑两个方面，一是企业经营对开发客户和维持客户的评价；二是客户满意度的评价。客户方面的典型指标主要包括目标范围内的市场占有率、客户开发率、客户维持率、客户满意度、从客户获得利润率等几个对阐述和执行公司战略有重要作用的核心结果指标。

3.内部流程

在内部流程层面，管理者要确定对实现客户和股东目标至关重要的环节。一般来说，企业都是先设定财务维度和客户维度的目标和指标，然后是内部流程，这样的顺序使得内部流程指标的设计要将实现财务和客户目标为中心，形成一套内部流程价值链。内部流程价值链包括创新流程、经营流程和售后服务3个部分。以创新流程为开端，即弄清当期和未来客户的需求并试图去满足这个需求；紧接着是经营流程，即提供既有产品和服务；最后是售后服务，在销售之后提供服务给客户，增加客户从企业的产品和服务中获得的价值。

4.学习和成长

学习和成长强调的是企业持续改进和未来获得成功的可能性，是前面3个平衡计分卡层面获得卓越成果的驱动因素。平衡计分卡强调对未来的投资，它认为企业希望达到宏伟的长期财务增长目标，就必须对企业的员工、系统和程序进行投资。一般来说，常见的对企业学习和成长评价指标有关于员工教育培训、内部企业环境的改造和企业外部环境沟通等。

平衡计分卡的平衡理念在4个方面表现出来：一是在评价范围上，达到了外部平衡和内部平衡。平衡计分卡打破传统企业只关注内部发展，开始从外部利益相关者考虑如何提高股东满意度，如何赢得顾客的信赖，同时注重企业无形资产的管理和改进，由内至外地促进企业发展。二是在评价性质上，定性指标和定量指标的平衡。定量指标往往会存在为了准确必须忽视一些影响因素，定量也使对过去的描述带有"滞后性"特点，而定性指标在对预测未来发展上很有帮助，如企业在学习和成长维度上获得极大成功一般预示着企业经营管理将会有极大改善，自然业绩会有提高。三是在评价层次上的业绩驱动因素和结果因素的平衡；财务维度就是最终的结果指标，而客户维度、内部流程及学习和成长属于驱动获取财务成功的因素。四是在评价时间上的长期和短期平衡，企业对无形资产的重视和内部流程的改造就是在布局未来，平衡计分卡平衡过去和未来的关系令企业在长期内都能够得到发展，避免"杀鸡取卵式"的增长模式，实现可持续发展愿景。平衡计分卡从4个方面出发，构建一个涉及多角度的综合评价指标，它注重过去的评价、未来的设计，又考虑从企业个性和行业特征出发为具体指标设计留有空间，比较巧妙地沟通绩效评价和企业经营目标之间的关系，提供开发指标和企业战略联系的具体途径，是不可多得的企业管理工具。

财务管理专家王化成教授在他主持的国家自然科学基金《企业业绩评价与激励研究》的阶段性成果中提出，作为一种业绩评价体系，平衡计分卡的理论贡献主要表现在两个方面：（1）对企业业绩进行全面评价；（2）基于战略管理的业绩评价方法，平衡计分卡强调在企业绩效评价实践中不断地改进和发展，非财务评价指标的引入使传统业绩评价系统脱胎换骨，蜕变成为一种有效的战略管理系统，它强调把所有员工的精力、才华和具体掌握的知识整合于为实现公司长远的战略目标之下。

Milis 和 Mercken 指出，以多层次企业绩效评价过程出现的平衡计分卡，可以有效克服传统业绩评价单一化和仅是把各维度指标自动综合起来的技术缺点。Abran 和 Buglione 认为，业绩衡量指标体系应着重于企业最关键的战略部分，他们基于此对平衡计分卡进行了恰当的改进，以业务因果链的思想，从逻辑关系上进一步完善各个层面指标间的关系，使平衡计分卡成为一种全面而层次分明的绩效测评体系。Kaplan 和 Norton 公开强调平衡计分卡是战略管理的系统并在同年出版的专著 *The Balanced Scorecard：Translating Strategy into Action* 中描述了采用平衡计分卡的公司管理者如何形成一个全新的战略业绩管理体系。Kaplan 和 Norton 以2000 年的论文 "*Having Trouble with Yours Trategy？Then Map It！*" 为起点，介绍了成为战略中心型组织的5个原则，将平衡计分卡发展成为一个真正的战略管理系统，使平衡计分卡从狭义的企业绩效测评工具上升为一种战略管理工具，不仅可以作为一种行为层面上的管理工具，更是从战略全局出发的企业资源配置工具和企业核心能力培育工具。通过对战略地图的关注，他们找到了战略内在力量与外在力量的可视化表示方法，通过确定战略地图目标的特殊指标，特别是内部流程、学习和成长层面的指标，进一步拓展了平衡计分卡的内容。战略性社会责任作为企业战略思考的一部分，扩展了企业绩效评价的范围，已经不是全部定量指标可以衡量。而平衡计分卡的分析框架，有效融合了战略性社会责任的角度，它关注企业战略过程控制，战略实施综合效果的评价。平衡计分卡成功解决了两个问题：有效的多层次企业绩效评价和成功的企业战略实施。

战略是一个长期、远大的规划，是一种理想状态，而在无限趋近于愿景的实现过程中的一个重要前提是在每一步行事中都有一个评价，评价的存在目的是让行动不偏离愿景，行动的每一步是朝着愿景前行。平衡计分卡在长期的发展中，从仅仅解决财务指标存在滞后性和一部分企业资源无法计量出发的绩效评价工具到作为一个战略管理系统工具。平衡计分卡能够对影响企业成功的多个关键因素进行有效分解，形成可定性衡量的指标，对抽象而复杂的战略进行有效具体化落实到日常企业实践中。

五、企业社会责任绩效评价常用的方法

企业社会责任绩效常用的评价方法有层次分析法和模糊综合评价法等方法。

层次分析法（Analytic Hierarchy Process，AHP）是美国著名运筹学家、匹兹堡大学萨蒂教授（T. L. Saaty）于20世纪70年代提出的一种定性分析与定量分析相结合的多准则决策方法。这一方法的特点，是在对复杂决策问题的本质、影响因素以及内在关系等进行深入的分析之后，构建一个层次结构模型，然后利用较少的定量信息，把决策的思维过程数学化，从而求解多目标、多准则或者无结构特性的复杂决策问题。层次分析法把一个复杂问题表示为有序递阶层次结构，通过人们的判断，对备选方案的优劣进行排序。其基本思路是先按问题要求建立起 N 个描述系统功能或特征的内部独立的递阶层次结构，然后通过两两比较因素的相对重要性，给出相应的比例标度，构造上层某因素对下层相关因素的判断矩阵，以确定相关因素对上层因素的相对重要序列，在满足一致性（通过检验）原则前提下，进行目标下的因素单排序。最后将各子目标下因素的排序逐层汇总后，给出总目标下因素的总排序，从而得出不同要素或评价对象的优劣权重值，为决策和评价提供依据。企业社会责任评价指标体系包含着定性因素和定量因素，而层次分析法是解决这一类问题的有效方法。

模糊综合评价法也是较优的企业社会责任指标评价方法之一。其依据及原理如下：在客观世界中存在很多不确定的现象，这种不确定性主要表现在两个方面：一是随机性，即时间是否发生的不确定性；二是模糊性，即时间本身状态的不确定性。随机性造成的不确定性是对事物因果关系掌握不够，也就是说对事物发生的条件无法严格控制，以至于事物发展的结果产生了不确定性，但事物本身却有明确的含义。模糊性是指某些事物或者概念边界的不清晰，这种边界不清晰，不

是由于人们的主观认识达不到客观实际造成的，而是事物的一种客观属性，是事物的差异性之间存在着中间过渡过程的结果。随着科技的发展，人们不得不经常处理一些复杂的现实问题，而复杂性就意味着因素众多。当人们还不可能对全部因素都进行考察，或者可以忽略某些因素，而并不影响对事物本质认识的正确性时，这就需要模糊识别与判断。模糊综合评价法是以模糊数学为基础，应用模糊关系合成的原理，将不易定量的因素定量化，进行综合评价的一种方法。它是由美国控制论专家 L. A. 艾登（Edne）于1965年创立的，适用于评价因素多、结构层次多、难以进行定量的对象系统，可以用于多因素模糊性及主观判断性的解决。模糊综合评判作为模糊数学的一种具体应用方法，它主要分为两步，第一步先按每个因素单独评判；第二步再按所有因素综合评判。其优点在于：数学模型简单，容易掌握，对多因素、多层次的复杂问题评判效果比较好，是别的数学分支和模型难以替代的方法。模糊综合评判方法的优点在于，评判逐对进行，对被评判对象有唯一的评价值，不受被评判对象所处对象集合的影响。这种模型应用广泛，在许多方面，采用模糊综合评价的实用模型取得了良好的效果。

我国学者对社会责任绩效评价也提出了诸多见解。温素彬、薛恒新按照科学发展观的要求，构建了企业的三重绩效模式，从经济、生态、社会3个方面设置了企业绩效评价指标体系，根据复合系统理论和协同学原理，提出了企业三重绩效评价模型，包括静态绩效评价、静态协调度评价、动态协调度评价，以及综合评价。

李馨子提出了采用"二次排队计分法"构建企业社会责任绩效综合评价指标体系的新理念。其认为，企业社会责任绩效评价是一项多指标综合评价，不同行业的企业应根据本行业的特点和发展现状设计不同的绩效评价指标，包括人力资源绩效评价指标、社会绩效评价指标、环境绩效评价指标和产品质量绩效评价指标，以分别反映企业对员工、社会、环保和维护消费者权益方面的责任。排队计分法具有简便易行、无须另寻比较标准、省时省工等优点，对每个单项指标中包括的各因素排队（定量计量的因素用实际值排名、定性计量的因素用审计人员的打分排名）、计分，并将转换得到的分数通过一定的权数综合得到每个单项指标的分值。进而将每个单项指标分值排队、计分，并综合得出企业最后的社会责任绩效总分。

刘乾福提出"五维一体"，即将所有者、债权人、员工、政府、社会作为全面评价企业绩效的5个维度，构建企业绩效评价体系的综合平衡框架，社会贡献能力单独作为1个维度，在综合能力中所占比重为10%，包括社会贡献率和社会积累率2个基本指标，以销售利税率作为修正指标，以提供就业能力、环境保护指数作为评议指标，以税费和捐赠支出占经营现金支出比重作为验证指标。

周焯华和江卉提出，从企业社会责任给公司带来的商业利益这一视角来测量企业社会责任，认为社会责任为企业带来的利益包括正面影响公司的形象和声誉、正面影响员工的动机和忠诚度、高销售率和市场份额带来收入增加、成本节省、风险减少，并采用了一个多步骤循环分析方法来评估企业的社会责任活动所产生的效果，具体来说包括4个步骤：定性评估企业社会责任的影响、关键绩效指标的研究和测量、评估货币型企业社会责任的价值增加值和决策评估。

社会责任绩效评价属于多指标综合评价。国内外提出的综合评价方法虽然有几十种之多，但大体可以分为两类：主观赋权评价法和客观赋权评价法。主观赋权评价法多采取定性方法，由专家根据经验进行主观判断得出权数，如层次分析法、模糊综合评价法等。客观赋权评价法根据指标间的相关关系或各项指标的变异系数来确定权数，如灰色关联度法、TOPSIS法、主成分分析法等。

社会责任绩效评价中，确定社会责任各构成要素的权重时多采用层次分析法。

六、层次分析法在社会责任绩效评价中的应用

（一）层次分析法概况

前面介绍了层次分析法是美国著名运筹学家、匹兹堡大学萨蒂教授于20世纪70年代提出的一种实用的定性分析与定量分析相结合的多准则决策方法。它是把复杂的决策问题表示为一个有序的递阶层次结构，通过人们的比较判断，计算各种决策方案在不同准则及总准则之下的相对重要性程度，从而据之对决策方案的优劣进行排序。层次分析法肯定了人的认识判断在评价过程中的重要作用，20世纪80年代起在我国得到越来越多的应用。

层次分析法按照如下工作步骤展开：第一步，明确评价的主体；第二步，确定评价对象；第三步，选定评价指标体系；第四步，建立模糊综合评价因素集；第五步，计算确定权重集。采用层次分析法（AHP）按照1-9标度法对各层指标计算其权重和总权重；第六步，建立模糊综合评价评判集；第七步，单因素模糊评判；第八步，建立综合评判变换矩阵；第九步，单层次综合财务评价；第十步，多层次综合财务评价；第十一步，得出最终评价结果（见图4-1）。

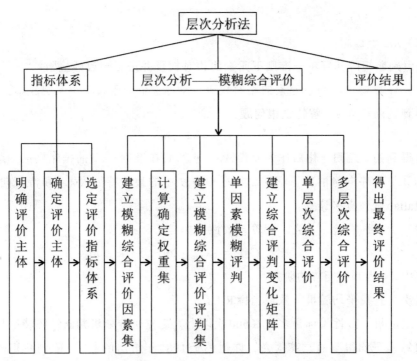

图4-1 层次分析法工作步骤

运用层次分析法解决问题，大体可以分为4个步骤。

1.建立问题的递阶层次结构

将复杂问题分解为称为元素的各组成部分，把这些元素按属性不同分成若干组，以形成不同层次。同一层次的元素作为准则，对下一层次的某些元素起支配作用，同时它又受上一层次元素的支配。这种从上至下的支配关系形成了一个递阶层次。处于最上面的层次通常只有1个元素，一般是分析问题的预定目标或理想结果。中间层次一般是准则、子准则。最低一层包括决策的方案。每一层次中的元素一般不超过9个，因一层中包含数目过多的元素会给两两比较判断带来困难。

2.构造两两比较判断矩阵

假定上一层次的元素 C_k 作为准则，对下一层次的元素 A_1，…，A_n 有支配关系，那么需要在准则 C_k 之下按它们的相对重要性赋予 A_1，…，A_n 相应的权重。在两两比较的过程中，决策者要反复回答问题：针对准则 C_k，两个元素 A_i 和 A_j 哪一个更重要一些，重要多少。需要对重要多少赋予一定的数值。对于 n 个元素 A_1，…，A_n 来说，通过两两比较，得到两两比较判断矩阵 A：

$$A = (a_{ij})n \times n$$

其中，判断矩阵具有如下性质：

（1）$a_{ij} > 0$。

（2）$a_{ij} = 1/a_{ij}$。

（3）$a_{ijj} = 1$。

3.由判断矩阵计算单一准则下元素的相对权重并进行一致性检验

（1）计算单一准则下元素的相对权重。对于 n 个元素 A_1，…，A_n，通过两两比较得到判断矩阵 A，解特征根问题：

$$Aw = \lambda_{max} w$$

所得到的 w 经归一化后作为元素 A_1，…，A_n 在准则 C_k 下的排序权重，这种方法称为计算排序向量的特征根法。特征根方法中的最大特征根 λ_{max} 和特征向量 w，可用 Matlab 软件直接计算。

（2）一致性检验。首先，计算一致性指标 $C.I.$。

$$C.I. = (\lambda_{max})/(n-1)$$

其中，n 为判断矩阵的阶数。

其次，查找平均随机一致性指标 $R.I.$。

平均随机一致性指标是多次（500次以上）重复进行随机判断矩阵特征根计算之后取算术平均得到的。龚木森、许树柏于1986年得出的 1～15 阶判断矩阵重复计算1000次的平均随机一致性指标（见表4-2）。

表4-2　平均随机一致性指标

阶数	1	2	3	4	5	6	7	8
R.I.	0	0'	0.52	0.89	1.12	1.26	1.36	1.41
阶数	9	10	11	12	13	14	15	
R.I.	1.46	1.49	1.52	1.54	1.56	1.58	1.59	

最后，计算一致性比例 $C.R.$。

$$C.R. = C.I./R.I.$$

当 $C.R. < 0.1$ 时，一般认为判断矩阵的一致性是可以接受的，否则应对判断矩阵作适当的修正。

4.计算各层次元素的组合权重

为了得到递阶层次结构中每一层次中所有元素相对于总目标的相对权重，需要把上一步骤的计算结果进行适当的组合，并进行总的一致性检验。这一步是由上而下逐层进行的。最终计算结果得出最低层次元素，即决策方案的优先顺序的相对权重和整个递阶层次模型的判断一致性检验。

（二）层次分析法的具体应用

田静在利益相关者理论的基础上建立了企业社会责任绩效评价框架，从员工、股东、消费者、供应商、社区、政府和环境资源七大利益相关者出发，构建了企业社会责任绩效评价指标体系，并采用层次分析法确定评价指标体系的权重。但是指标中仅包含非财务指标，没有涉及财务指标。

颜剩勇运用专家意见法和问卷调查法确定了上市公司社会责任综合评价指标共24个，使用的评价方法是模糊层次分析法，即运用层次分析法确定各指标的权重，然后分层次进行模糊综合评价，最后综合出上市公司总的社会责任评价结果。

陈留彬认为，企业社会责任表现在员工权益保护、环保及可持续发展、企业诚信、消费者和债权人权益保护及社区关系、社会公益与慈善活动、社会责任管理6个方面，各方面权重分布为0.4、0.18、0.15、0.13、0.08、0.06，合计为1。

李雄飞提出了基于层次分析法和模糊理论的企业社会责任的模糊综合评价方法。企业社会责任评价符合模糊评判的3个基本条件，即评价客体在概念上具有模糊性、评价主体在思维上具有多样性、评判结果在表达上具有口语化特征，借助模糊评价法将提高综合评判结果的有效性和合理性。

裘文洁以2007年12月31日上市的A股公司为研究样本，剔除金融类公司、ST公司、PT公司、新上市公司、财务数据异常的公司，以及所涉及指标不全的公司，共获得有效样本1176家，分布于12个行业。根据利益相关者理论，利益相关者分为主要利益相关者和次要利益相关者。股东、经营者和员工属于主要利益相关者，债权人、消费者、供应商和政府属于次要利益相关者，在指标选择上均为财务指标。进而利用层次分析法对社会绩效评价，首先，建立层次结构，将社会绩效评价指标体系构造为目标层、准则层和指标层；其次，对每一层次中各指标相对于上一层的重要性（对重要性程度采用了通常的1—9标度表示）进行两两比较，构造判断矩阵；再次，利用方根法，计算各评价指标的权重；最后，对判断矩阵进行一致性检验。并以××公司为例介绍了社会绩效的具体计算。但是，指标层按同等权重计算，如果包括两个指标，则权重均为50%，这一点有失偏颇，各指标不一定同等重要。

华立群和朱蓓使用层次分析法对我国银行业企业社会责任评价问题进行了探究。唐果以宁波民营企业为例，使用层次分析法确定企业社会责任考核指标的权重，研究得出对股东的责任、对员工的社会责任、对消费者的社会责任、对环境的社会责任、对社区及其他群体的社会责任的权重分别为0.480、0.273、0.138、0.065、0.043。

第二节 企业社会责任绩效评价的模型搭建

如前所述，社会责任绩效评价中，确定社会责任各构成要素的权重时多采用层次分析法。以下将运用层次分析法来构建企业社会责任绩效评价模型。

一、评价模型的构建原则

（一）科学性

企业社会责任绩效评价属于涉及多指标的综合评价，既包括定性指标，也包括定量指标；既包括正指标，也包括逆指标。在构建评价模型时，必须使用科学的方法对各种指标进行预处理，并确定各层指标之间的关系，特别是各指标在单一准则下的权重，只有对原始指标进行量化统一后，根据权重才能计算出最后的总评得分。

（二）适用性

构建的评价模型应适合于我国企业的总体环境，并且在确定各层指标的具体构成时要考虑企业在履行社会责任过程中的具体实践，以正确评判企业社会责任的履行情况，体现模型的适用性。

（三）可理解性

企业社会责任绩效评价模型中各项指标应含义明确，各层指标之间的关系清晰，在模型的具体运用中对原始指标的处理应尽量简单，定性指标的定量化也应尽量本着简化原则，最后通过计算各层得分和总评得分对各企业的社会责任履行情况作出评价和比较。

二、原始数据的处理

（一）指标预处理

评价指标包括定性指标和定量指标。在前文所构建的社会责任绩效评价指标体系中，定量指标21个，定性指标45个，其中"是否"指标13个，一般描述性指标32个。

定量指标直接计算，包括正指标和逆指标，正指标具有指标值越大越优的特性，逆指标具有指标值越小越优的特性。如"净资产收益率""每股收益增长率""资本保值增值率"等为正指标，而"资产负债率""产品返修率""单位收入能耗率"等为逆指标。

定性指标按优、良、中、差、很差分别计分为5分、4分、3分、2分、1分。如"工作场所卫生设施""工作场所安全措施""员工住宿条件""工会在决策中的参与度"等为一般描述性指标，"非常好"则计分为5分，"非常差"则计分为1分。如"是否有整体环境保护政策和体系""额外加班是否发放工资"等为"是否"指标，"是"则计分为5分，"否"则计分为1分。

（二）标准化处理

为了消除不同指标间量纲的差异，需要经过适当的变换，化为无量纲的指标，这个过程称为指标的标准化。指标无量纲化方法包括线性无量纲化法和非线性无量纲化法，其中线性无量纲化法包括 Z-Score 法、极差化法、极大化法、极小化法、均值化法、秩次化法。以下3种方法比较适用于企业社会责任评价。

1.极差变换法（极差化法）

对于正指标：

$$y_{ij} = \frac{x_{ij} - \min x_{ij}}{\max x_{ij} - \min x_{ij}}$$

对于逆指标：

$$y_{ij} = \frac{\max x_{ij} - x_{ij}}{\max x_{ij} - \min x_{ij}}$$

指标无论是正数还是负数，经过极差变换后，正指标、逆指标均化为正指标，但忽略了指标值之间的差异性。

2.线性比例变换法：

对于正指标：

$$y_{ij} = \frac{x_{ij}}{\max x_{ij}}$$

对于逆指标：

$$y_{ij} = \frac{\min x_{ij}}{x_{ij}}$$

经过线性变换后，正、逆指标均化为正指标，且考虑到指标值的差异性，但该方法要求 $x_{ij} \geqslant 0$，如果 $x_{ij} < 0$ 则不适用。

3.均值化法

$$y_{ij} = \frac{x_{ij}}{\bar{x}}$$

（三）指标标准值的确定

由于社会责任研究正处于摸索阶段，有关企业社会责任评价指标体系及评价方法理论界和实务界尚在研究探讨，还不成熟。尤其社会责任履行情况的定量指标及评价标准很难收集。本文尝试以国有企业为案例，探索企业社会责任评价模型的构建及运用。因此，本文中，定量指标标准值的确定路径主要有3种。

路径之一是以国务院国资委财务监督与考核评价局发布的《企业绩效评价标准值（2010）》为基础，选择国有企业（全行业）中的数据为参考，在极差变换时，以优秀值作为最大值，以较差值作为最小值。与本书设计的社会责任绩效评价指标相关的标准值，见表4-3。

表4-3 国有企业（全行业）2009年绩效标准值

项目	优秀值	良好值	平均值	较低值	较差值
净资产收益率（%）	12.6	9.3	5.8	0.6	-8.9
资产负债率（%）	47.0	57.5	67.5	83.0	95.0
已获利息倍数	5.7	4.3	3.0	0.5	-1.9
速动比率（%）	128.8	92.1	69.0	51.6	30.6
现金流动负债比率（%）	27.4	20.6	11.1	-2.6	-9.2
资本保值增值率（%）	112.8	108.3	105.5	100.7	90.4
技术投入比率（%）	1.7	1.2	0.9	0.6	0.2

　　路径之二是根据《中国统计年鉴（2010）》和中经网相关数据整理、计算得出。2009年国有及国有控股企业共20510家，利润总额9287.03亿元，按所得税税率25%计算，假设不考虑纳税调整因素，则应交所得税为2321.76亿元，再考虑应交增值税6508.74亿元和产品销售税金及附加6199.11亿元，则纳税总额（假设全部缴纳，且忽略其他税种）为15029.61亿元，销售收入为151700.55亿元，则纳税比率为9.91%，以此作为"纳税比率"指标的标准值。2009年国有经济单位职工平均工资为35053元，2008年为31005元，计算得出平均工资增长率为13.56%，此为作为"工资增长率"的标准值。2009年国有经济单位职工平均工资为35053元，根据税法规定，职工教育经费1.5%以内可以扣除，因此估算人均教育经费465.075元，此为作为"员工人均年教育经费"的标准值。

　　路径之三是根据RESSET金融研究数据库计算整理得出。对于无法通过前两种路径加以确定的数据，则以行业平均值作为标准值。涉及的相关指标，见表4-4。

表4-4 专用设备制造业2009年行业财务比率

项目	最小值	平均值	最大值
流动比率	0.0440	3.0060	20.0770
每股收益增长率（%）	-18.8700	-0.3701	120.0000
应付账款周转率（次）	0.0546	5.4896	58.2047
股利支付率（%）	5.7150	29.9600	112.1276

三、指标权重的确定

　　层次分析法将定性判断与定量分析相结合，特别适用仅财务报表数据不足以全面反映企业履行状况下的社会责任评价。运用层次分析法构建社会责任评价模型时，总体思路是首先建立社会责任绩效评价的递阶层次结构，包括目标层、准则层、子准则层和方案层（也就是指标层）；其次构造两两比较判断矩阵，并对各指标的相对重要程度进行赋值；再次计算单一准则下元素的权重和各层元素的综合权重；最后构建总评价模型，也即计算社会责任绩效综合得分。

（一）建立递阶层次结构

层次分析法的第一步是建立递阶层次结构，即社会责任绩效评价的各层指标。

第一层为目标层，即社会责任综合绩效，衡量主体的社会责任履行情况。

第二层为准则层，借鉴已有的研究成果，我们从，9个方面进行设定，包括对股东的责任、对债权人的责任、对政府的责任、对社区的责任、对社会公众的责任、对供应商的责任、对消费者的责任、对环境保护的责任、对员工的责任。

第三层为子准则层，即在每一准则层下的再细化。对股东的责任主要体现在股东收益及增长情况、股东权益的保障程度和信息披露3个方面；对债权人的责任主要体现在企业的短期偿债能力、长期偿债能力和信用状况3个方面；对政府的责任主要体现在纳税贡献、及时纳税，以及是否积极配合政府相关工作，3个方面；对社区的责任主要体现在解决社区的就业问题、参与社区活动、赞助社区活动，以及是否设专人负责社区关系协调4个方面；对社会公众的责任主要体现在公益捐赠、关注社会公众及新闻媒体对公司的评论、设专门部门进行公共关系管理，以及制定应急事件处理预案4个方面；对供应商的责任主要体现在赊账情况、是否有违约记录、公平交易，以及商业诚信4个方面；对消费者的责任主要体现在产品责任和对消费者的应对2个方面；对环境保护的责任主要体现在环保政策的制定和执行、环保投入、产品能源消耗、污染治理和环境罚款支出5个方面；对员工的责任体现在劳动合同、童工、强迫或强制劳动、工作时间、薪酬与福利、工会组织与集体谈判权、歧视、职业健康与安全，以及职业培训9个方面。

第四层为方案层。本模型中各层之间为树状，所以方案层为子准则层下设的具体指标。

（二）构造判断矩阵并赋值

根据所建立的递阶层次结构体系，以上一层元素为准则，将下一层受其支配的各元素按其对上一层准则的重要程度进行两两比较，并赋予一定分值，构成一个两两比较的判断矩阵，以便从判断矩阵导出这些元素从上层支配元素分配到的权重。

这里使用1—9的比例标度，它们各自的含义，见表4-5。

表4-5　重要性评分标度（九标度法）

标度	含义
1	表示两个因素相比，具有同等重要性

标度	含义
3	表示两个因素相比，一个因素比另一个因素稍微重要
5	表示两个因素相比，一个因素比另一个因素明显重要
7	表示两个因素相比，一个因素比另一个因素强烈重要
9	表示两个因素相比，一个因素比另一个因素极端重要
2，4，6，8	上述两相邻判断的中值

通过专家意见法，对准则层、子准则层和决策层分别进行两两比较判定其重要性，对重要程度进行赋值。对此，我们采用比例九标度法，设计了专家调查问卷，向银行、公司、高校的26位专家发出问卷，对各层指标的重要性程度进行判断并打分，最后回收有效问卷21份，对各位专家的打分进行平均后，得出两两判断矩阵。以下列示某位专家的重要性打分表。

1. 目标层——准则层判断矩阵

表4-6　目标层——准则层判断矩阵

社会责任	1对股东的责任	2对债权人的责任	3对政府的责任	4对社区的责任	5对社会公众的责任	6对供应商的责任	7对消费者的责任	8对环境保护的责任	9对员工的责任
1对股东的责任	1	5	4	1/3	1/3	6	1	1/2	2
2对债权人的责任	1/5	1	1/3	1/2	1/2	3	1	1/4	1/2
3对政府的责任	1/4	3	1	1/2	1/2	3	2	1/3	1
4对社区的责任	3	2	2	1	2	2	1	1/3	1
5对社会公众的责任	3	2	2	2	1	5	2	1/2	3
6对供应商的责任	1/6	1/3	1/3	1/2	1/5	1	1/3	1/4	1/2
7对消费者的责任	1	1	2	1	1/2	3	1	1/5	1/2
8对环境保护的责任	2	4	3	3	2	4	5	1	4
9对员工的责任	1/2	2	1	1	1/3	2	2	1/4	1

2. 准则层——子准则层判断矩阵

表4-7　准则层——子准则层判断矩阵

对股东的责任	1.1股东收益及增长情况	1.2股东权益的保障程度	1.3信息披露
1.1股东收益及增长情况	1	5	3
1.2股东权益的保障程度	1/5	1	2
1.3信息披露	1/3	1/2	1
对债权人的责任	2.1企业的短期偿债能力	2.2企业的长期偿债能力	2.3企业的信用状况
2.1企业的短期偿债能力	1	1/6	1/7
2.2企业的长期偿债能力	6	1	1/2
2.3企业的信用状况	7	2	1
对政府的责任	3.1纳税贡献	3.2及时纳税	3.3是否积极配合政府相关工作
3.1纳税贡献	1	7	2
3.2及时纳税	1/7	1	1/4
3.3是否积极配合政府相关工作	1/2	4	1

对社区的责任	4.1解决社区的就业问题	4.2是否参与社区活动	4.3是否赞助社区活动	4.4是否设专人负责社区关系协调
4.1解决社区的就业问题	1	4	4	5
4.2是否参与社区活动	1/4	1	2	3
4.3是否赞助社区活动	1/4	1/2	1	2
4.4是否设专人负责社区关系协调	1/5	1/3	1/2	1
对社会公众的责任	5.1公益捐献	5.2是否关注社会公众及新闻媒体对公司的评论	5.3是否设专门部门进行公共关系管理	5.4是否制定应急事件处理预案
5.1公益捐献	1	9	3	1
5.2是否关注社会公众及新闻媒体对公司的评论	1/9	1	1/5	1/4
5.3是否设专门部门进行公共关系管理	1/3	5	1	1/2
5.4是否制定应急事件处理预案	1	4	2	1
对供应商的责任	6.1赊账情况	6.2是否有违约记录	6.3公平交易	6.4商业诚信

6.1赊账情况	1	1/5	1/2	1/4
6.2是否有违约记录	5	1	3	2
6.3公平交易	2	1/3	1	1
6.4商业诚信	4	1/2	1	1

对消费者的责任	7.1产品责任	7.2对消费者的应对
7.1产品责任	1	1/3
7.2对消费者的应对	3	1

对环境保护的责任	8.1环保政策的制定和执行	8.2环保投入	8.3产品能源消耗	8.4污染治理	8.5环境罚款支出
8.1环保政策的制定和执行	1	1/5	1/3	1/2	5
8.2环保投入	5	1	2	2	5
8.3产品能源消耗	3	1/2	1	2	4
8.4污染治理	2	1/2	1/2	1	6
8.5环境罚款支出	1/5	1/5	1/4	1/6	1

对员工的责任	9.1劳动合同	9.2童工	9.3强迫或强制劳动	9.4工作时间	9.5薪酬与福利	9.6工会组织与集体谈判权	9.7歧视	9.8职业健康与安全	9.9职业培训
9.1劳动合同	1	2	4	5	3	3	2	3	3
9.2童工	1/2	1	4	2	5	5	2	3	2
9.3强迫或强制劳动	1/4	1/4	1	3	2	3	1/5	1/3	3
9.4工作时间	1/5	1/2	1/3	1	1/5	3	1/2	1/5	1/3
9.5薪酬与福利	1/3	1/5	1/2	5	1	3	1/3	1/2	2
9.6工会组织与集体谈判权	1/3	1/5	1/3	1/3	1/3	1	1/4	1/3	1
9.7歧视	1/2	2	5	2	3	4	1	3	2
9.8职业健康与安全	1/3	1/3	1/3	5	2	3	1/3	1	4
9.9职业培训	1/3	1/2	1/3	3	1/2	1	1/2	1/4	1

3.子准则层——方案层判断矩阵

表 4-8 子准则层——方案层判断矩阵

股东收益及增长情况	1.1.1净资产收益率	1.1.2股利发放率	1.1.3每股收益增长率	1.1.4是否制定长期和相对稳定的利润分配政策
1.1.1净资产收益率	1	3	2	2
1.1.2股利发放率	1/3	1	1	2
1.1.3每股收益增长率	1/2	1	1	3
1.1.4是否制定长期和相对稳定的利润分配政策	1/2	1/2	1/3	1
股东权益的保障程度	1.2.1资本保值增值率	1.2.2是否存在管理层道德风险	1.2.3是否公平对待所有股东	
1.2.1资本保值增值率	1	5	3	
1.2.2是否存在管理层道德风险	1/5	1	1/2	
1.2.3是否公平对待所有股东	1/3	2	1	
信息披露	1.3.1信息披露是否真实	1.3.2信息披露是否及时	1.3.3是否存在选择性信息披露	
1.3.1信息披露是否真实	1	5	7	
1.3.2信息披露是否及时	1/5	1	2	
1.3.3是否存在选择性信息披露	1/7	1/2	1	
企业的短期偿债能力	2.1.1流动比率	2.1.2速动比率	2.1.3现金流动负债比率	
2.1.1流动比率	1	1/3	1/6	
2.1.2速动比率	3	1	1/4	
2.1.3现金流动负债比率	6	4	1	
企业的长期偿债能力	2.2.1资产负债率	2.2.2利息保障倍数		
2.2.1资产负债率	1	1/2		
2.2.2利息保障倍数	2	1		
产品责任	7.1.1产品返修率	7.1.2产品质量安全	7.1.3产品维修与售后服务	
7.1.1产品返修率	1	1/5	1/2	
7.1.2产品质量安全	5	1	4	
7.1.3产品维修与售后服务	2	1/4	1	

续表

7.2.1 妥善保管消费者的个人信息	1	5	4
7.2.2 消费者投诉率	1/5	1	2
7.2.3 是否对消费者的要求作出积极回应	1/4	1/2	1

环保政策的制定和执行	8.1.1 是否有整体环境保护政策和体系	8.1.2 是否专人定期检查环境保护实施情况
8.1.1 是否有整体环境保护政策和体系	1	5
8.1.2 是否专人定期检查环境保护实施情况	1/5	1

环保投入	8.2.1 环保经费占销售收入的比重	8.2.2 环保经费增长率
8.2.1 环保经费占销售收入的比重	1	3
8.2.2 环保经费增长率	1/3	1

污染治理	8.4.1 污染物排放是否超标	8.4.2 废弃物是否加以综合利用
8.4.1 污染物排放是否超标	1	4
8.4.2 废弃物是否加以综合利用	1/4	1

劳动合同	9.1.1 是否与员工订有劳动合同	9.1.2 是否执行劳动合同
9.1.1 是否与员工订有劳动合同	1	1/3
9.1.2 是否执行劳动合同	3	1

强迫或强制劳动	9.3.1 员工辞职自由	9.3.2 员工拒绝接受危险岗位工作自由
9.3.1 员工辞职自由	1	1/6
9.3.2 员工拒绝接受危险岗位工作自由	6	1

薪酬与福利	9.5.1 工资增长率	9.5.2 员工福利与社保提取率	9.5.3 员工工资水平是否是超过当地最低工资标准	9.5.4 是否按时法发放工资和津贴	9.5.5 额外加班是否发放工资	9.5.6 员工是否享有带薪休假
9.5.1 工资增长率	1	3	2	1	3	4
9.5.2 员工福利与社保提取率	1/3	1	1/3	2	1	2

续表

9.5.3 员工工资水平是否是超过当地最低工资标准	1/2	3	1	5	4	3
9.5.4 是否按时法发放工资和津贴	1	1/2	1/5	1	2	3
9.5.5 额外加班是否发放工资	1/3	1	1/4	1/2	1	2
9.5.6 员工是否享有带薪休假	1/4	1/2	1/3	1/3	1/2	1

工会组织与集体谈判权	9.6.1 是否建立工会组织	9.6.2 工会在决策中的参与度
9.6.1 是否建立工会组织	1	3
9.6.2 工会在决策中的参与度	1/3	1

歧视	9.7.1 是否存在性别歧视	9.7.2 是否存在种族歧视
9.7.1 是否存在性别歧视	1	4
9.7.2 是否存在种族歧视	1/4	1

职业健康与安全	9.8.1 工作场所卫生设施	9.8.2 工作场所安全设施	9.8.3 员工住宿条件
9.8.1 工作场所卫生设施	1	1/6	1/4
9.8.2 工作场所安全设施	6	1	3
9.8.3 员工住宿条件	4	1/3	1

职业培训	9.9.1 是否建立职业培训制度	9.9.2 员工人均年教育经费
9.9.1 是否建立职业培训制度	1	5
9.9.2 员工人均年教育经费	1/5	1

（三）计算单一准则下元素的权重 W

对构造的各层判断矩阵，使用 Matlab 软件求解最大特征根，所对应的特征向量经归一化后即为各指标的权重。由于判断矩阵的各个重要性因素是根据专家主观经验得到的，因此为避免错误，需要对判断矩阵进行一致性检验，即检验判断矩阵是否具有传递性和一致性。只有通过一致性检验，才能确认判断矩阵在逻辑上是合理的。如不能通过一致性检验，则需要对判断矩阵进行调整。

1.目标层——准则层

本指标体系共包括 9 个一级指标，即对股东的责任、对债权人的责任、对政府的责任、对社区的责任、对社会公众的责任、对供应商的责任、对消费者的责

任、对环境保护的责任、对员工的责任。经计算最大特征根 $\lambda max=10.1413$，对应的特征向量为

$$W=(0.1355, 0.0522, 0.0824, 0.1168, 0.1738, 0.0316, 0.0810, 0.2483, 0.0784)^T$$

一致性比率 C. R.=0.0977<0.1，判断矩阵具有可接受的一致性。

2.准则层——子准则层

（1）对股东的责任。本一级指标包括 3 个二级指标，即"股东收益及增长情况""股东权益的保障程度""信息披露"。经计算最大特征根 $\lambda max=3.0037$，对应的特征向量为

$$W=（0.6483, 0.1220, 0.2297）^T$$

一致性比率 C. R.=0.0036<0.1，判断矩阵具有可接受的一致性。

（2）对债权人的责任。本一级指标包括 2 个二级指标，即"企业的短期偿债能力""企业的长期偿债能力""企业的信用状况"。经计算最大特征根 $\lambda max=3.0324$，对应的特征向量为

$$W=（0.0695, 0.3484, 0.5821）^T$$

一致性比率 C. R.=0.0312<0.1，判断矩阵具有可接受的一致性。

（3）对政府的责任。本一级指标包括 3 个二级指标，即"纳税贡献""及时纳税""是否积极配合政府相关工作"。经计算最大特征根 $\lambda max=3.0020$，对应的特征向量为

$$W=（0.6026, 0.0823, 0.3150）^T$$

一致性比率 C. R.=0.0019<0.1，判断矩阵具有可接受的一致性。

（4）对社区的责任。本一级指标共包括 4 个二级指标，即"解决社区的就业问题""是否参与社区活动""是否赞助社区活动""是否设专人负责社区关系协调"。经计算最大特征根 $\lambda max=4.0980$，对应的特征向量为

$$W=（0.5750, 0.2109, 0.1329, 0.0813）^T$$

一致性比率 C. R.=0.0367<0.1，判断矩阵具有可接受的一致性。

（5）对社会公众的责任。本一级指标包括 4 个二级指标，即"公益捐赠""是否关注社会公众及新闻媒体对公司的评论""是否设专门部门进行公共关系管理""是否制定应急事件处理预案"。经计算最大特征根 $\lambda max=4.1217$，对应的特征向量为

$$W=（0.4359, 0.0535, 0.1844, 0.3263）^T$$

一致性比率 C. R.=0.0456<0.1，判断矩阵具有可接受的一致性。

（6）对供应商的责任。本一级指标包括 4 个二级指标，即"赊账情况""是否有违约记录""公平交易""商业诚信"。经计算最大特征根 $\lambda max=4.0566$，对应的特征向量为

$$W=（0.0825，0.4816，0.1877，0.2482）^T$$

一致性比率 C. R.=0.0212<0.1，判断矩阵具有可接受的一致性。

（7）对消费者的责任。本一级指标包括2个二级指标，即"产品责任""对消费者的应对"。经计算最大特征根 $\lambda max=2$，对应的特征向量为

$$W=（0.2500，0.7500）^T$$

一致性比率 C. R.=0<0.1，判断矩阵具有可接受的一致性。

（8）对环境保护的责任。本一级指标包括5个二级指标，即"环保政策的制定和执行""环保投入""产品能源消耗""污染治理""环境罚款支出"。经计算最大特征根 $\lambda max=5.3079$，对应的特征向量为

$$W=（0.1135，0.3928，0.2562，0.1918，0.0458）^T$$

一致性比率 C. R.=0.0687<0.1，判断矩阵具有可接受的一致性。

（9）对员工的责任。本一级指标包括9个二级指标，即"劳动合同""童工""强迫或强制劳动""工作时间""薪酬与福利""工会组织与集体谈判权""歧视""职业健康与安全""职业培训"。经计算最大特征根 $\lambda max=10.1453$，对应的特征向量为

$$W=（0.2309，0.2026，0.0816，0.0457，0.0780，0.0349，0.1656，0.1034，$$
$$0.0574）^T$$

一致性比率 C. R.=0.0981<0.1，判断矩阵具有可接受的一致性。

3.子准则层——方案层

（1）股东收益及增长情况。本二级指标包括4个三级指标，即"净资产收益率""股利发放率""每股收益增长率""是否制定长期和相对稳定的利润分配政策"。经计算最大特征根 $\lambda max=4.1752$，对应的特征向量为

$$W=（0.4254，0.2015，0.2483，0.1248）^T$$

一致性比率 C. R.=0.0656<0.1，判断矩阵具有可接受的一致性。

（2）股东权益的保障程度。本二级指标包括3个三级指标，即"资本保值增值率""是否存在管理层道德风险""是否公平对待所有股东"。经计算最大特征根 $\lambda max=3.0037$，对应的特征向量为

$$W=（0.6483，0.1220，0.2297）^T$$

一致性比率 C. R.=0.0036<0.1，判断矩阵具有可接受的一致性。

（3）信息披露。本二级指标包括3个三级指标，即"信息披露是否真实""信息披露是否及时""是否存在选择性信息披露"。经计算最大特征根 $\lambda max=3.0142$，对应的特征向量为

$$W=（0.7362，0.1658，0.0979）^T$$

一致性比率 C. R.=0.0137<0.1，判断矩阵具有可接受的一致性。

（4）企业的短期偿债能力。本二级指标包括三个三级指标，即流动比率、速动比率、现金流动负债比率。经计算最大特征根 $\lambda max=3.0536$，对应的特征向量为

$$W=（0.0914，0.2177，0.6909）^{\mathrm{T}}$$

一致性比率 C. R.=0.0515<0.1，判断矩阵具有可接受的一致性。

（5）企业的长期偿债能力。本二级指标包括 2 个三级指标，即"资产负债率""利息保障倍数"。经计算最大特征根 $\lambda max=2$，对应的特征向量为

$$W=（0.3333，0.6667）^{\mathrm{T}}$$

一致性比率 C. R.=0<0.1，判断矩阵具有可接受的一致性。

（6）产品责任。本二级指标包括 3 个三级指标，即"产品返修率""产品质量安全""产品维修与售后服务"。经计算最大特征根 $\lambda max=3.0246$，对应的特征向量为

$$W=（0.1169，0.6833，0.1998）^{\mathrm{T}}$$

一致性比率 C. R.=0.0237<0.1，判断矩阵具有可接受的一致性。

（7）对消费者的应对。本二级指标包括 3 个三级指标，即"妥善保管消费者的个人信息""消费者的投诉率""是否对消费者的要求做出积极回应"。经计算最大特征根 $\lambda max=3.0940$，对应的特征向量为

$$W=（0.6870，0.1865，0.1265）^{\mathrm{T}}$$

一致性比率 C. R.=0.0904<0.1，判断矩阵具有可接受的一致性。

（8）环保政策的制定和执行。本二级指标包括 2 个三级指标，即"是否有整体环境保护政策和体系""是否专人定期检查环境保护实施情况"。经计算最大特征根 $\lambda max=2$，对应的特征向量为

$$W=（0.8333，0.1667）^{\mathrm{T}}$$

一致性比率 C. R.=0<0.1，判断矩阵具有可接受的一致性。

（9）环保投入。本二级指标包括 2 个三级指标，即"环保经费占销售收入的比重""环保经费增长率"。经计算最大特征根 $\lambda max=2$，对应的特征向量为

$$W=（0.7500，0.2500）^{\mathrm{T}}$$

一致性比率 C. R.=0<0.1，判断矩阵具有可接受的一致性。

（10）污染治理。本二级指标包括 2 个三级指标，即"污染物排放是否超标""废弃物是否加以综合利用"。经计算最大特征根 $\lambda max=2$，对应的特征向量为

$$W=（0.800，0.200）^{\mathrm{T}}$$

一致性比率 C. R.=0<0.1，判断矩阵具有可接受的一致性。

（11）劳动合同。本二级指标包括 2 个三级指标，即"是否与员工订有劳动合同""是否执行劳动合同"。经计算最大特征根 $\lambda max=2$，对应的特征向量为

$$W=（0.2500，0.7500）^{\mathrm{T}}$$

一致性比率C. R.=0<0.1，判断矩阵具有可接受的一致性。

（12）强迫或强制劳动。本二级指标包括2个三级指标，即"员工辞职自由""员工拒绝接受危险岗位工作自由"。经计算最大特征根λmax=2，对应的特征向量为

$$W=（0.1429，0.8571）^T$$

一致性比率C. R.=0<0.1，判断矩阵具有可接受的一致性。

（13）薪酬与福利。本二级指标包括6个三级指标，即"工资增长率""员工福利与社保提取率""员工工资水平是否超过当地最低工资标准""是否按时发放工资和津贴""额外加班是否发放工资""员工是否享有带薪休假"。经计算最大特征根λmax=6.5601，对应的特征向量为

$$W=（0.2894，0.1215，0.3079，0.1366，0.0863，0.0583）^T$$

一致性比率C. R.=0.0889<0.1，判断矩阵具有可接受的一致性。

（14）工会组织与集体谈判权。本二级指标包括2个三级指标，即"是否建立工会组织""工会在决策中的参与度"。经计算最大特征根λmax=2，对应的特征向量为

$$W=（0.7500，0.2500）^T$$

一致性比率C. R.=0<0.1，判断矩阵具有可接受的一致性。

（15）歧视。本二级指标包括2个三级指标，即"是否存在性别歧视""是否存在种族歧视"。经计算最大特征根λmax=2，对应的特征向量为

$$W=（0.800，0.200）^T$$

一致性比率C. R.=0<0.1，判断矩阵具有可接受的一致性。

（16）职业健康与安全。本二级指标包括3个三级指标，即"工作场所卫生设施""工作场所安全设施""员工住宿条件"。经计算最大特征根λmax=3.0536，对应的特征向量为

$$W=（0.0852，0.6442，0.2706）^T$$

一致性比率C. R.=0.0515<0.1，判断矩阵具有可接受的一致性。

（17）职业培训。本二级指标包括2个三级指标，即"是否建立职业培训制度""员工人均年教育经费"。经计算最大特征根λmax=2，对应的特征向量为

$$W=（0.8333，0.1667）^T$$

一致性比率C. R.=0<0.1，判断矩阵具有可接受的一致性。

（四）计算各层元素的综合权重

由于本指标体系中目标层——准则层、准则层——子准则层、子准则层——方案层均为树状，而不是网状，计算三级指标对总目标的综合权重时，只需对各

层的权重相乘即可。单一准则层下各元素的权重和综合权重见表4-9。

表4-9 社会责任绩效评价各级指标权重及综合权重

一级指标	权重	二级指标	权重	三级指标	权重	综合权重 Q_i
1 对股东的信任	0.1355	1.1 股东收益及增长情况	0.6483	1.1.1 净资产收益率	0.4254	0.0374
				1.1.2 股利发放率	0.2015	0.0177
				1.1.3 每股收益增长率	0.2483	0.0218
				1.1.4 是否制定长期和相对稳定的利润分配政策	0.1248	0.0110
		1.2 股东权益的保障程度	0.1220	1.2.1 资本保值增值率	0.6483	0.0107
				1.2.2 是否存在管理层道德风险	0.1220	0.0020
				1.2.3 是否公平对待所有股东	0.2297	0.0038
		1.3 信息披露	0.2297	1.3.1 信息披露是否真实	0.7362	0.0229
				1.3.2 信息披露是否及时	0.1658	0.0052
				1.3.3 是否存在选择性信息披露	0.0979	0.0030
2 对债权人的责任	0.0522	2.1 企业的短期偿债能力	0.0695	2.1.1 流动比率	0.0914	0.0003
				2.1.2 速动比率	0.2177	0.0008
				2.1.3 现金流动负债比率	0.6909	0，0025
		2.2 企业的长期偿债能力	0.3484	2.2.1 资产负债率	0.3333	0.0061
				2.2.2 利息保障倍数	0.6667	0.0121
		2.3 企业的信用状况	0.5821	企业信用评级	1.0000	0.0304
3 对政府的责任	0.0824	3.1 纳税贡献	0.6026	纳税比率	1.0000	0.0497
		3.2 及时纳税	0.0823	是否存在延期纳税	1.0000	0.0068
		3.3 是否积极配合政府相关工作	0.3150		1.0000	0.0260
4 对社区的责任	0.1168	4.1 解决社区的就业问题	0.5750	就业贡献率	1.0000	0.0672
		4.2 参与社区活动	0.2109		1.0000	0.0246
		4.3 赞助社区活动	0.1329		1.0000	0.0155

续表

一级指标	权重	二级指标	权重	三级指标	权重	综合权重 Q_i
		4.4设专人负责社区关系协调	0.0813		1.0000	0.0095
5对社会公众的责任	0.1738	5.1公益捐赠	0.4359	捐赠比率	1.0000	0.0758
		5.2关注社会公众及新闻媒体对公司的评论	0.0535		1.0000	0.0093
		5.3设专门部门进行公共关系管理	0.1844		1.0000	0.0320
		5.4制定应急事件处理预案	0.3263		1.0000	0.0567
6对供应商的责任	0.0316	6.1赊账情况	0.0825	应付账款周转率	1.0000	0.0026
		6.2是否有违约记录	0.4816		1.0000	0.0152
		6.3公平交易	0.1877		1.0000	0.0059
		6.4商业诚信	0.2482		1.0000	0.0078
7对消费者的责任	0.0810	7.1产品责任	0.2500	7.1.1产品返修率	0.1169	0.0024
				7.1.2产品质量安全	0.6833	0.0138
				7.1.3产品维修与售后服务	0.1998	0.0040
		7.2对消费者的应对	0.7500	7.2.1妥善保管消费者的个人信息	0.6870	0.0417
				7.2.2顾客满意度	0.1865	0.0113
				7.2.3对消费者要求的回应	0.1265	0.0077
8对环境保护的责任	0.2483	8.1环保政策的制定和执行	0.1135	8.1.1是否有整体环境保护政策和体系	0.8333	0.0235
				8.1.2是否专人定期检查环境保护实施情况	0.1667	0.0047
		8.2环保投入	0.3928	8.2.1环保经费占销售收入的比重	0.7500	0.0731
				8.2.2环保经费增长率	0.2500	0.0244

一级指标	权重	二级指标	权重	三级指标	权重	综合权重 Q_i
		8.3 产品能源消耗	0.2562	单位收入能耗率	1.0000	0.0636
		8.4 污染治理	0.1918	8.4.1 污染物排放是否超标	0.8000	0.0381
				8.4.2 废弃物是否加以综合利用	0.2000	0.0095
		8.5 环境罚款支出	0.0458	环境罚款支出比率	1.0000	0.0114
9 对员工的责任	0.0784	9.1 劳动合同	0.2309	9.1.1 是否与员工订有劳动合同	0.2500	0.0045
				9.1.2 是否执行劳动合同	0.7500	0.0136
		9.2 童工	0.2026	是否使用童工	1.0000	0.0159
		9.3 强迫或强制劳动	0.0816	9.3.1 员工辞职自由	0.1429	0.0009
				9.3.2 员工拒绝接受危险岗位工作自由	0.8571	0.0055
		9.4 工作时间	0.0457	工作时间是否超过八小时	1.0000	0.0036
		9.5 薪酬与福利	0.0780	9.5.1 工资增长率	0.2894	0.0018
				9.5.2 员工福利与社保提取率	0.1215	0.0007
				9.5.3 员工工资水平是否超过当地最低工资标准	0.3079	0.0019
				9.5.4 是否按时发放工资和津贴	0.1366	0.0008
				9.5.5 额外加班是否发放工资	0.0863	0.0005
				9.5.6 员工是否享有带薪休假	0.0583	0.0004
		9.6 工会组织与集体谈判权	0.0349	9.6.1 是否建立工会组织	0.7500	0.0021
				9.6.2 工会在决策中的参与度	0.2500	0.0007
		9.7 歧视	0.1656	9.7.1 是否存在性别歧视	0.8000	0.0104
				9.7.2 是否存在种族歧视	0.2000	0，0026
		9.8 职业健康与安全	0.1034	9.8.1 工作场所卫生设施	0.0852	0.0007
				9.8.2 工作场所安全设施	0.6442	0.0052

一级指标	权重	二级指标	权重	三级指标	权重	综合权重 Q_i
				9.8.3员工住宿条件	0.2706	0.0022
		9.9职业培训	0.0574	9.9.1是否建立职业培训制度	0.8333	0.0037
				9.9.2员工人均年教育经费	0.1667	0.0008

四、构建社会责任绩效总评价模型

（一）计算各准则层得分

对股东的责任 $S_1 = \sum\limits_{i=1}^{10} P_i Q_i$。

对债权人的责任 $S_2 = \sum\limits_{i=11}^{16} P_i Q_i$。

对政府的责任 $S_3 = \sum\limits_{i=17}^{19} P_i Q_i$。

对社区的责任 $S_4 = \sum\limits_{i=20}^{23} P_i Q_i$。

对社会公众的责任 $S_5 = \sum\limits_{i=24}^{27} P_i Q_i$。

对供应商的责任 $S_6 = \sum\limits_{i=28}^{31} P_i Q_i$。

对消费者的责任 $S_7 = \sum\limits_{i=32}^{37} P_i Q_i$。

对环境保护的责任 $S_8 = \sum\limits_{i=38}^{45} P_i Q_i$。

对员工的责任 $S_9 = \sum\limits_{i=46}^{66} P_i Q_i$。

其中，S_i 为企业社会责任评价体系中第 i 准则层的得分；

P_i 为第 i 个三级指标的标准化得分；

Q_i 为第 i 个三级指标的综合权重。

（二）计算综合得分

上述权重的求解，为建立企业社会责任评价模型奠定了基础。企业社会责任绩效总目标下共分解为66个指标，因此，企业社会责任评价得分即为该66个指标得分的加权累计值。即

$$S = S_1 + S_2 + S_3 + S_4 + S_5 + S_6 + S_7 + S_8 + S_9 = \sum_{i=1}^{66} P_i Q_i$$

其中，S 为企业社会责任绩效综合得分；

P_i 为第 i 个三级指标的标准化得分（$i=1$，2，…，66）；

Q_i 为第 i 个三级指标的综合权重（$i=1$，2，…，66）。

利用总评价模型进行评判时，指标的获取可以通过查阅目标企业的财务报表或实地调研，进而对照每一指标的行业标准值或定性判断标准，对量化后的定性指标和定量指标进行标准化处理，根据总评价模型求出某一企业社会责任绩效得分。评价结果分为五个等级，90~100分为优秀，80~89分为良好，70~79分为中等，60~69分为合格，59分以下为不合格。

五、企业社会责任绩效评价模型的运用——以DXS公司为例

本项目将以DXS公司为例，对前文所构建的社会责任评价模型进行测试。

（一）指标数据获取

社会责任评价模型中指标数据的获取方式主要有两种：一是查阅公司年报、自行计算财务比率；二是设计针对性的调查问卷，获取其他非公开数据。由于该公司是上市公司，所以定量指标中的多数财务指标可以根据该公司公开披露的年报计算得出，其他定量指标和定性指标需要通过问卷调查方式获得。

（二）数据的标准化

定量指标直接计算，以2009年国有企业的绩效标准值或行业数据作为最大值、最小值，无法确定极值的，计算或推算确定平均值。

定性指标采取1~5分计分法，以1分为最小值，5分为最大值。

使用的标准化方法是极差变换法。对于无法取得最大值、最小值的指标，采取均值化法。

（三）计算社会责任绩效准则层得分

对股东的责任 $S_1 = \sum_{i=1}^{10} P_i Q_i = 0.0710$。

对债权人的责任 $S_2 = \sum_{i=11}^{16} P_i Q_i = 0.0329$。

对政府的责任 $S_3 = \sum_{i=17}^{19} P_i Q_i = 0.0519$。

对社区的责任 $S_4 = \sum_{i=20}^{23} P_i Q_i = 0.0748$。

对社会公众的责任 $S_5 = \sum_{i=24}^{27} P_i Q_i = 0.0637$。

对供应商的责任 $S_6 = \sum_{i=28}^{31} P_i Q_i = 0.0139$。

对消费者的责任 $S_7 = \sum_{i=32}^{37} P_i Q_i = 0.0581$。

对环境保护的责任 $S_8 = \sum_{i=38}^{45} P_i Q_i = 0.1208$。

对员工的责任 $S_9 = \sum_{i=46}^{66} P_i Q_i = 0.0441$。

（四）计算社会责任绩效目标层得分

$$S = \sum_{i=1}^{66} P_i Q_i = 0.5312（53.12分）。$$

经计算，该公司2009年社会责任绩效综合得分为53.12分，评价结果为不合格。总体而言，未能对利益相关者充分履行社会责任，需要在以后年度加以改进。

第五章　企业社会责任绩效考评的实施

社会责任绩效考评的组织与管理是指与执行绩效评价有关的机构设置、人员配备、方案实施程序，以及质量控制等一系列具体工作环节，是将绩效评价体系转换为实际监管手段的必要过程。绩效考评的组织与管理包括成立评价组织机构、确定评价程序、确定评价时间、实施评价，以及评价结果的运用等环节。由于国有企业社会责任评价具有典型性和引领性，本章以国有企业为例阐述企业社会责任绩效考评的组织实施等内容。

第一节　企业社会责任绩效考评的组织

社会责任绩效评价是一项系统工程，具有很大的利益相关性，涉及多个主体。能否实现绩效考评的预期效果，取决于考评工作能否合理有效组织。为确保客观、公正、有效地开展绩效考评工作，树立考评工作的科学性、权威性和严肃性，必须在考评工作开始之前成立考评组织机构。

一、成立考评组织机构

考评工作由国资委领导，下设考评委员会和考评工作小组。

（一）考评委员会

考评委员会是受国资委委托完成考评工作的领导机构。

1.考评委员会人员组成

考评委员会由绩效考评专家、财务专家、审计专家、学者，以及被考评企业的负责人组成，国资委分管领导担任主任，成员由国资委聘任。

2.考评委员会的主要职责

（1）全面负责对社会责任绩效考评工作的组织和实施。

（2）成立考评工作小组，配备考评工作人员。

（3）负责制定绩效考评原则、制度和操作规范。

（4）审核考评报告、对外提供考评结果等事项。

（5）根据考评结果和办法规定，提出奖惩意见。

（6）受理申诉。

（二）考评工作小组

考评工作小组是在考评委员会领导下成立的具体负责绩效考评实施工作的机构。

1.考评工作小组人员组成

考评工作小组由8～10人组成，其中4～5人必须具备高级技术职称。考评工作小组由以下几类专业人员构成：精通绩效考评工作的人员，熟悉财务分析的财务或审计人员，熟悉被考评单位所在行业的人员。

为了使考评结果客观、公正，考评工作小组人员必须具备以下基本条件：

（1）具有比较丰富的经济管理、财务会计、资产管理及法律等方面的专业知识和经验。

（2）熟悉绩效考评业务，有较强的综合分析和判断能力。

（3）品德高尚，能够坚持原则、清正廉洁、秉公办事。

（4）考评工作小组组长必须具有五年以上工作经验，具有高级技术职称，是绩效考评或财务管理领域的权威。

2.考评工作小组的主要职责

考评工作小组承担绩效考评的具体组织实施工作，在考评委员会的直接领导下开展工作。

其主要职责是：

（1）收集、整理、汇总各被考评企业的资料。

（2）设计考评表，在考评前提交考评委员会。

（3）进行具体考评操作，汇总计算各企业考评得分，向考评委员会汇报考评情况。

（4）检查指导各企业实施内部考评。

（5）撰写和报送考评报告。

（6）建立考评档案。

（7）其他相关工作。

（三）被考评企业成立评建领导小组

被考评企业应成立评建领导小组，组长由被考评企业主管财务的领导担任。评建领导小组负责本单位社会责任绩效自评工作，同时全力做好主管部门绩效考评的协助工作。

二、确定考评程序

社会责任效绩考评工作程序是指从确定考评对象至完成整个考评工作的过程。具体包括：

（1）成立考评机构。

（2）确定考评对象。

（3）拟订考评方案。

（4）收集相关资料。

（5）实施考评工作。

（6）撰写考评报告。

（7）反馈考评结果。

（8）复核考评报告。

（9）公布考评结果。

（10）建立考评档案。

三、确定考评时间

社会责任效绩考评工作分为定期考评和不定期考评。定期考评按公历年度进行，要求于次年第一季度之前完成。另外，应根据需要进行不定期考核，考评时间根据具体需要而定。

第二节 企业社会责任绩效考评的实施

社会责任绩效考评的实施是在绩效评价体系构建之后，考评工作得以真正展开的一项具体工作。这是考评工作的关键步骤，必须精心安排，严格、有序进行。这一过程分为准备、实施和报告3个阶段。

一、准备阶段

（一）下达考评通知书

考评通知书是由考评委员会向被考评企业下达的行政文件，是被考评企业接受考评的依据。通知书的主要内容包括：

（1）考评目的。

（2）考评时间安排。

（3）考评组织机构。

（4）考评的内容。

（5）考评所需资料。

（6）其他相关事宜。

（二）被考评企业报送相关资料

（1）被考评企业根据考评要求报送相关资料。考评工作小组对报送的资料进行整理、核实和分析，确保资料的真实性、完整性和时效性。

（2）收集信息的内容。被考评企业必须严格按照国有企业社会责任绩效考评指标体系所要求的各项内容报送资料。包括：对股东的责任、对债权人的责任、对政府的责任、对社区的责任、对社会公众的责任、对供应商的责任、对消费者的责任、对环境保护的责任、对员工的责任9个维度方面的资料（见第三章表3-2）

（三）被考评企业自评

被考评企业根据考评的相关规定进行自我测评，撰写自评报告。通过自评，可以使被考评企业熟悉社会责任绩效考评的内容及程序，掌握本企业财务管理运行状况，为迎接考评做好基础工作。

二、实施阶段

（一）资料审核

1.初审

考评工作小组对被考评企业提交的相关资料进行审核，审查其提供资料是否真实可靠，对关键指标进行重点审查，必要时可进行实地核查；被考评企业对所提供资料的真实性和准确性负责。

2.复审

考评委员会对初审资料进行复审，确保资料的真实性、完整性和时效性。

（二）绩效考评

考评工作小组运用考评模型对复审资料进行运算，得出分值，确定考评等级。

三、报告阶段

（一）考评结果反馈

考评工作小组将考评结果反馈给被考评企业，被考评企业如有异议，可上报考评委员会申请复评，考评委员会批准后方可进行。

（二）考评结果审核

为了保证绩效考评结果的客观、公正，考评工作小组将考评结果上报考评委员会进行审核。

（三）撰写报告

绩效考评报告是社会责任绩效考评工作的最终成果，是对被考评企业社会责任绩效的综合评价，反映了被考评企业社会责任绩效的现状和水平，为国资委级主管部门正确决策和被考核企业提高社会责任履行水平提供依据。

绩效考评报告主要由内容提要、正文和附录组成。

1.内容提要。内容提要主要写明考评对象、考评领导机构和考评实施机构。

2.正文。正文主要写明考评委托方考评依据的数据来源、考评指标体系和方法、采用的考评标准值、考评结果和考评责任等内容，就考评结论提出考评建议。

3.附录。附录主要包括：详细分析考评报告；有关基础数据核实确认；重要事项的说明；考评计分及有关考评工作文件和数据资料等。

绩效考评报告必须做到内容完整，数据准确，依据充分，语言精练，分析透彻，逻辑清晰，结论科学，重视事实分析、重视激励功能，定量分析和定性分析相结合。

（四）提交报告

考评工作小组应将绩效考评报告在规定时间内提交考评委员会，经考评委员会审定后，将考评结果通知被考评企业。绩效考评结果于考评结束后30天内反馈到被考评企业。评价机构应将绩效评价报告在规定时间内提交评价工作组，经评价工作组审定后，将评价结果通知被评价者。

（五）归档存查

考评工作结束后，组织实施考评的考评委员会和被考评企业应及时将考评报告、考评通知书等资料归档存查。

第六章　企业社会责任信息披露

第一节　企业社会责任绩效评价的信息基础

　　企业社会责任信息披露是企业向利益相关者说明其经济、社会和环境影响的过程，是企业履行社会责任的综合反映。如同企业要向投资者披露财务信息一样，企业社会责任信息披露，是对利益相关者应尽的责任和义务。

　　企业社会责任的揭示和评价与企业财务报告密不可分，现行企业社会责任评价方法都需要从财务报告中提取相关数据。现有的财务报表主要用于揭示企业的经济责任，企业的其他社会责任也在财务报表中得到了一定程度的揭示，但很不全面，需要加强企业社会责任信息披露，建立企业社会责任信息披露体系。企业社会责任信息披露研究有助于加快与国际接轨的步伐，提升我国企业社会责任信息披露水平。社会责任信息披露是国外社会责任研究的一个热点和难点问题，对这一问题进行研究对加快企业与国际接轨的步伐具有一定的促进作用。社会责任信息披露研究也有助于探索适合我国企业自身特点的社会责任会计信息披露框架，加速具有中国特色的社会责任理论体系的形成和完善。虽然我国企业社会责任信息披露的发展较快，但由于起步晚，起点低，目前的披露水平较差。建立企业社会责任信息披露体系，有助于提升我国企业信息披露意识和水平，增强企业在社会、环境、道德等方面信息的透明度，改善、规范企业的社会责任行为，对社会的可持续发展具有积极的作用；建立企业社会责任信息披露体系，有利于投资者准确把握企业履行社会责任的情况，使资本更多地向经济、社会、环境综合价值更高的企业集中；建立企业社会责任信息披露体系，有利于企业了解自身生产行为所带来的社会成本与取得的社会效益，检讨企业社会责任工作，提升社会责任活动在企业管理、社会管理中的地位。

一、企业社会责任信息披露的研究现状

关于企业社会责任信息披露旳研究成果主要集中于国外。国外学者对该领域的研究侧重于对披露的影响因素、内容及价值评价的实证研究，对披露内容的分析则侧重于探析报告应披露哪些项目。美国会计师协会认为，企业社会责任信息披露内容应该由自然资源与环境、人力资源、产品和服务、社区参与4个大类、12个小类组成；Carroll则将企业责任划分为经济、法律、道德和社会责任4个大类，4个大类又包含股东、职业安全、用户、产品安全、种族和性别歧视、环境6个小类；Pomiu和Okoth通过对肯尼亚内罗毕证券交易市场上的47家企业的年报及网站的信息进行分析，提出企业社会责任信息披露应包括社区参与、环境、产品、消费者、人力资源管理等方面的信息；Duygu Turker提出企业社会责任信息披露应包括社会的及非社会的、股东、职工、顾客和政府等方面的社会责任。企业社会责任信息披露的影响因素分为内在和外在两种因素。内在因素主要有公司规模、公司绩效、公司治理及所处行业等。Jenkins和Yakovleva认为，不同行业间的披露存在差异，公司规模越大披露的社会责任信息越多，但在披露的内容和强度方面存在较大差异；Krishna Udayasankar则认为，公司规模与企业社会责任信息披露呈"U"形关系；R. Gamerschlag等通过对130家德国上市公司的企业社会责任信息披露实证分析后发现该指标与其信息可见度、股权结构及与美国利益相关者的关系相关，利润越高的企业有更多的环境信息披露，规模和行业影响披露信息的数量；A. Khan等发现，企业社会责任披露与管理层持股呈负相关，与公众持股、外部持股、董事会独立性及审计委员会的设立呈正相关。其中，公司治理与社会责任信息披露的关系是西方学者研究的主流。外在影响因素有规章制度、政府作用、合法性及经济文化等。企业社会责任信息披露一定程度上有助于提高企业形象，不少公司将企业社会责任信息披露看成进行公共关系的战略工具；Dhaliwal等以美国等发达国家为研究背景，发现公司发布社会责任报告的主要动机是战略性经济动机，如降低公司资本成本，而不是利他的慈善活动；有学者认为，在不同制度环境下欧洲企业社会责任政策不同；S. Li等认为，国家治理环境是促使企业履行社会责任的原动力；在对德国石油公司进行研究后，发现其期盼通过开展企业社会责任活动以在环境争议中提高合法性。Mackey等和Sadok El Ghoul等认为，企业社会责任信息披露越好，企业股权融资成本越低；Allen Goss等发现，社会责任好的企业能借入利息降低的长期贷款；K. Ye和R. Zhang发现，在新兴市场，企业社会责任与债务融资成本间存在"U"形关系。Sprinkle和Maines认为，履行社会责任也是有成本的，包括进行社会责任活动的直接成本以及由于参与社会责任活动而丧失的机会成本。

在我国，由于社会责任信息披露研究起步较晚，相较于西方发达国家，我国企业社会责任信息披露的自觉性较为落后。早期大都为规范性研究，关注企业社会责任信息披露的必要性和内容及形式。目前许多学者借鉴西方研究成果，探讨影响社会责任信息披露因素、评价其价值，同时剖析我国社会责任信息披露现状，以期构建完善的披露体系。陈政、许家林和吉利认为，目前我国企业发布的社会责任报告数量在增加，但与西方国家相比仍然较低，质量和效果差强人意，报告内容定性指标较多，定量指标较少，存在不中肯、不可比、不准确、不可靠、不清晰和不及时等问题。钟宏武等认为，有些社会责任报告模式可谓五花八门，没有固定模式，缺乏科学性。李华荣等通过对浙江省中小企业社会责任履行进行问卷调查和现场访谈，发现企业社会责任的承担主体是中型企业。民营企业正在成为承担社会责任的重要力量，而处于成长期的中小型企业承担社会责任的责任心更强。在企业社会责任信息披露方面，阳秋林认为披露的内容包含对自然环境的改善、社会福利、人力资源方面、产品和售后服务的提供、企业收益方面的贡献及诚实守信的商业道德6个方面；李正则主张披露内容应由环境（包括资源）、职工、社区及一般社会、顾客及其他等6个大类、19个小类问题组成。企业的社会责任信息披露模式包括披露所采用的媒介和所使用的表述方法。在披露媒介方面，宋献中认为企业社会责任信息披露媒介包括年度报告披露、年度报告外的独立披露和大众媒体披露3种形式；王青云、王建玲认为，独立披露能更直观地反映企业社会责任披露状况，会给信息使用者带来良好的印象；刘静在分析中小企业社会责任信息披露的特点后提出中小企业可以采用增值表报告模式披露社会责任信息。朱金生、李冰青和刘茜认为，采用定性和定量相结合的方式编制规范独立的社会责任报告将成为主流。朱文娟认为，我国企业社会责任信息披露方式应遵循由自愿性信息披露到强制性信息披露，再到两者相结合的发展过程。

最近几年，国内学者对企业社会责任信息披露的实证研究侧重于对其影响因素、决策价值评价的分析。影响因素主要从公司规模、企业内部因素、企业绩效、地域差异等方面进行研究。大多数研究都认为，企业规模、企业财务业绩及盈利能力与企业社会责任信息披露呈正相关；杨静还发现，企业的社会责任信息披露水平与其是否经过审验呈负相关；沈洪涛认为，企业社会责任信息披露与企业财务杠杆及再融资需求无显著关系，但朱晋伟和李冰欣的研究却发现公司财务杠杆与企业社会责任信息披露呈负相关。沈洪涛等和杨伯坚的研究发现，国有控股企业社会责任披露水平高于其他企业，董事会规模及独立董事比例与社会责任信息披露呈正相关；肖作平和杨娇则发现，企业社会责任信息披露与独立董事比例、董事会规模及会议次数、两职合一呈负相关，与第一大股东持股比例、管理层激励正相关；张正勇等发现，公司治理整体水平与企业社会责任信息披露水平呈显著正相关。此外，张正勇和吉利通过专家和报告使用者问卷调查，对A股上市公司2008—2010年的1207份社会责任报告进行研究，实证检验企业家个体差异性特征与社会责任信息披露两者之间的关系，结果发现，企业家学历、年龄及社会声誉与企业社会责任信息披露水平呈显著正相关。朱松发现社会责任的履行会影响投资者对企业盈利持续性的判断，社会责任表现越好，市场评价越高，会计盈余信息含量也相应越高。而汪炎骏等则表明，社会责任报告发布的市场反应并不显著；何丽梅和朱红通过问卷调查发现企业社会责任信息对机构投资者投资决策有一定帮助，但披露质量有待提高；孟晓俊等则基于信息不对称视角发现企业社会责任信息披露与资本成本呈"U"形关系。胡建军、董大勇和金炜东则以2009年上海市A股222家民营企业上市公司为样本实证检验民营企业社会责任信息披露与股价的关系，发现两者呈负相关。鉴于社会责任信息披露的内容缺乏可靠性，还有一部分学者主张对社会责任报告进行第三方鉴证。沈洪涛、万拓和杨思琴认为，从相关方面对我国企业社会责任报告鉴证的现状进行描述和评价后，发现其尚处于起步阶段，最后提出了相关建议；高诚、袁晓星和王玉洁通过对美国、日本及我国企业社会责任报告审计的现状进行分析，并对企业实施社会责任报告审计进行必要性分析和可行性分析；李小波、王君晖从理论和现实实践两个方面分析我国企业社会责任审计的必要性，并提出对策建议。

二、企业社会责任信息披露的实践趋势

企业社会责任信息的自愿披露已成为一种国际趋势，主动披露有关社会责任信息，已成为全球企业界的共识。西方企业社会责任信息披露出现于20世纪初期。从1885年开始，澳大利亚最大的公司之一——Broken Hill Proprietary Company Ltd，就已经开始披露人力资源和社区贡献方面的信息；美国钢铁公司在1905年的年度报告中就披露了相关的社会责任信息。进入21世纪，企业社会责任信息披露受到了国际组织以及不同国家更多的关注。2001年，经济合作与发展组织（OECD）对《跨国公司指南》进行了重大修订，主要变化是要求企业增强透明度，为跨国公司社会和环境信息披露提供了一系列的原则和标准。2002年4月，世界银行集团发起了一个对发展中国家的强化企业社会责任的技术支持项目，其中一项就是披露企业的社会或环境业绩。英国、澳大利亚、加拿大、法国、丹麦、荷兰、挪威、瑞典以及美国等西方国家都通过相关立法，要求企业披露其社会表现。2000年3月，英国政府任命了企业社会责任大臣，对企业社会责任报告提出了要求；英国保险协会发布指南，要求企业披露社会、环境和伦理道德议题；2002年，英国的约翰内斯堡证券交易所（Johannesburg Stock Exchange）要求在该所上市的所有公司披露一类非财务信息——综合的可持续发展报告，并要求公司

所披露的这份报告要参考全球报告倡议组织（Global Reporting Initiative，GRI）的《可持续发展报告指南》（*Global Sustainability Guidelines*），做到可靠、相关、可复核、可比、及时、清楚。法国政府在 2001 年颁布的《诺威尔经济管制条例》（*Nouvelles Regulation Economiques*）中，要求所有在第一股票市场（Premier Marche）上市的公司从 2002 年开始在年度财务报告中必须披露劳工、健康与安全、环境、社会、人权、社区参与问题等信息。在各方力量的推进下，全球企业社会责任报告的数量逐年增长。根据全球企业社会责任报告在线目录网站 CorporateRegister.com 的统计，1992 年该网站仅收录报告 26 份，1994 年突破 100 份，2001 年突破 1000 份，2006 年则达到 2347 份，目前，该网站已收集了全球范围内 96 个不同国家的 5641 家企业所发布的社会责任报告 23019 份。从企业社会责任信息披露的形式来看，进入 21 世纪以来，国际上企业社会责任信息披露的基本趋势正在完成从单项报告向综合报告的重要转变。1993 年，全球非财务报告的数量不到 100 份，到 1999 年，已有约 1000 份（主要以环境报告为主）。到 2005 年，全球企业社会责任信息披露报告的数量已经超过 2000 份，企业社会责任报告、可持续发展报告、企业公民报告等综合社会责任报告的数量迅速增长，并且正日益成为跨国公司发布报告的主流。据毕马威统计，2005 年世界 500 强企业中发布综合性社会责任报告的比例已近 70%。

企业社会责任报告在国外已经有了 20 多年的发展历史，在中国只有 10 来年的发展历史。追溯历史，在中国出现最早的企业社会责任信息披露报告应该算是企业环境报告。早在 1999 年，壳牌石油公司就发布了第一份针对中国子公司的报告，随后几年社会责任报告发布数较少，2000 年，中国石油天然气股份有限公司开始连续发布健康安全环境报告；宝山钢铁股份有限公司在 2003 年首次发布环境报告；海尔集团于 2005 年发布了首份环境报告书。2006 年以前，即使算上外资在华企业，在中国发布社会责任报告的企业也不足百家。2006 年国家电网公司发布了我国央企的第一份社会责任报告后，我国企业社会责任报告的发布数量迅猛增长。如果说 2006 年被学术界称为我国企业社会责任报告发展元年，2012 年则堪称中国企业社会责任管理元年，同时还是非企业组织发布社会责任报告的井喷之年。根据《金蜜蜂中国企业社会责任报告研究 2012》中的统计，2012 年我国发布 2011 年社会责任报告 1337 份，较 2011 年增长 63.6%。其中，企业发布 1156 份，非企业组织发布 181 份。

三、我国有关企业社会责任信息披露的政策沿革

目前，我国关于特意规范社会责任信息披露的法律法规比较少，但在《公司法》《劳动合同法》《工会法》《安全生产法》《职工带薪年休假条例》《消费者权益

保护法》《产品质量法》《企业所得税法》《节约能源法》《环境保护法》《反不正当竞争法》等法律法规及政策中有涉及企业社会责任的相关规定。2002年，中国证监会和国家经贸委联合颁布的《上市公司治理准则》中第一次对上市公司社会责任提出要求，清楚地提出上市公司应报告其相关履责情况。2006年开始，政府机构、证券交易所、行业协会等开始发布一系列针对社会责任信息披露的指导性指引、通知、范例指南等，引领企业主动承担社会责任、及时披露责任信息。具体见表6-1。

表6-1 关于推进企业社会责任信息披露的相关文件

时间	行动主体	文件名称
2002.01	中国证监会和国家经贸委	《上市公司治理准则》第八十六条规定，上市公司应关注其所在社区的福利、环境保护、公益事业等问题，重视公司的社会责任
2005.05	中国纺织工业协会	发布《中国纺织企业社会责任管理体系》（CSC9000T），旨在建立以人为本的管理体系，激发职工活力，结合国情推动行业社会责任的履行
2006.09	深圳证券交易所	发布《上市公司社会责任指引》，鼓励在深圳证券交易所上市的企业应建立相应的社会责任制度，履行社会责任，披露社会责任信息
2006.10	中共十六届六中全会	审议通过《中共中央关于构建社会主义和谐社会企业社会责任蓝皮书若干重大问题的决定》，明确提出"增强公民、企业、各种组织的社会责任"
2007.03	消费者协会	发布新中国成立以来首个旨在劝导企业诚实守信，主动维护消费者利益的原则意见——《良好企业保护消费者利益社会责任导则》
2007.12	中国银监会办公厅	发布《关于加强银行业金融机构社会责任的意见》，鼓励各银行业金融机构要结合本行（公司）实际，从我国国情出发，切实履行社会责任，采取适当方式定期发布社会责任报告
2008.01	国务院国资委	首次发布《关于中央企业履行社会责任的指导意见》，要求央企应增强社会责任意识，积极承担社会责任，鼓励有条件的央企公开披露企业社会责任报告
2008.02	浙江省人民政府	发布《关于推动企业积极履行社会责任的若干意见》，规定了企业履行社会责任的总体要求、主要内容及措施

续表

时间	行动主体	文件名称
2008.04	11家全国性工业协会	发布《中国工业企业及工业协会社会责任指南》，鼓励协会企业根据自身发展现状、价值观及企业文化制度发布社会责任报告
2008.05	上海证券交易所	发布《上海证券交易所上市公司环境信息披露指引》和《关于加强公司社会责任承担工作的通知》，该通知创新了企业价值评估指标，提出"每股社会贡献值"这一概念
2008.12	上海证券交易所	发布《关于做好上市公司2008年履行社会责任的报告及内部控制自我评估报告披露工作的通知》，要求所有纳入"上证治理板块"的样本公司、发行境外上市外资股的公司及金融类公司在2009年必须披露社会责任信息，其他有条件的企业鼓励披露
2008.12	深圳证券交易所	发布《关于做好上市公司2008年年底报告工作的通知》，要求所有纳入"深圳100指数"的上市公司在2009年必须披露社会责任信息
2009.01	上海市政府	发布《上海市企业社会责任地方标准》，是我国首个企业社会责任方面的省级地方标准，规定了企业履行社会责任的基本行为及企业社会责任的评估体系
2009.12	中国社科院	发布《中国企业社会责任报告编写指南》，为企业社会责任报告编制提供参考依据
2010.04	财政部等五部委	发布《企业内部控制配套指引》，其中第4号指引规范了企业的社会责任，要求企业关注社会责任
2010.08	中国医药商业协会	发布《中国医药流通企业社会责任指南（试行）》，劝导行业企业诚信经营，履行社会责任，争当企业好公民
2010.09	环境保护部	发布《上市公司环境信息披露指南》（征求意见稿），要求煤炭、化工、石化、制药、钢铁及电解铝等16类重点污染行业上市公司应定期发布年度环境报告，引导上市公司积极承担保护环境的社会责任
2011.01	广东省房地产行业协会	发布《广东省房地产企业社会责任指引》，号召企业依照指引加强企业自律，勇于承担企业社会责任，积极开展企业社会责任实践

时间	行动主体	文件名称
2011.09	国资委	发布《中央企业"十二五"和谐发展战略实施纲要》，提出应以可持续发展为核心，以推进企业履行社会责任为载体，推进央企和社会及环境的和谐发展
2012.09	商务部联合对外承包工程商会	发布《中国对外承包工程行业社会责任指引》，从组织结构、制度建设、危机处置、公平竞争等角度阐述了社会责任管理的要点，对企业履行社会责任提供具体工作要求
2012.09	湖南省工业经济联合会	推出湖南省首个义务服务企业的企业社会责任报告集中发布平台，为本省企业社会责任工作提供展示和交流的平台
2013.03	商务部、环境保护部	发布《对外投资合作环境保护指南》，该指南从三个方面对企业对外投资合作的环境保护行为进行规范和引导
2013.05	中国工业经济联合会	发布了《中国工业企业社会责任评价指标体系》，从社会责任价值观与战略、社会责任推进管理、经济影响、环境及社会影响五个方面98个指标进行评价；发布《中国工业企业履行社会责任星级评价组织管理办法》，对企业履行社会责任情况进行星级评价

分析上述指导性文件，可以发现发布主体大都是具有一定政府权威的组织或是行业协会，通过发布指引、指南或通知的形式鼓励企业主动建立社会责任制度或提供企业社会责任发布平台，定期评估社会责任履行状况，一定程度上表明我国企业社会责任信息披露存在现实需要。相关行业协会颁布的法规文件和媒体、非政府组织对社会责任的宣传评级，推动了这些行业内企业社会责任信息披露的规范。2005年，中国纺织工业协会制定了《中国纺织企业社会责任管理体系》（CSC9000T），成了国内第一个行业企业社会责任管理体系。2008年4月，中国工业经济联合会等11家工业协会颁布了《中国工业企业及工业协会社会责任指南》。2009年1月，中国银行业协会颁布了《中国银行业金融机构企业社会责任指引》。2010年1月，广东省房地产行业协会根据相关的法律法规制定了《广东省房地产企业社会责任指引》。

另外，一些新闻媒体和非政府组织也制定了一些企业社会责任信息披露质量评估指标体系，并对中国企业的社会责任信息披露的情况进行评价，且设立了各种奖项和榜单，以此来鼓励更多的企业披露高质量的社会责任信息，从而推动企业更加积极地履行社会责任。例如，由《21世纪经济报道》《21世纪商业评论》主办的2012年中国企业公民论坛暨第九届中国最佳企业公民颁奖盛典；由人民网主办的"2012中国正能量"第七届人民社会责任奖；由财富中文网主办的"中国企业社会责任100强排行榜"；由《南方都市报》主办的"2012上市企业最具社会责任十强"评选；由国内权威媒体"第一财经"主办的"2010中国企业社会责任榜"评选活动等。

另外，近年来我国涌现出不少专业从事企业社会责任咨询、评估与培训等综合业务的机构。例如，润灵环球责任评级（原润灵公益事业咨询研究与公众产品部，于2007年成立），是中国企业社会责任权威第三方评级机构，致力于为责任投资者、责任消费者及社会公众提供客观科学的企业责任评级信息；还有成立于2005年的致力于推动中国企业社会责任和社会责任投资发展的商道纵横公司和成立于2006年的重点关注企业家群体的道农研究院；以及成立于1999年的，分别在上海、香港和墨尔本设有办公室的崇德RepuTex评级机构。这些非政府机构制定的指标评价体系虽然有其不完善之处，但是对于中国企业积极地承担并披露高质量的社会责任信息起到了推动作用。

四、我国企业社会责任信息披露状况

目前上市公司是我国社会责任报告的主要披露主体。截至2012年4月30日，上海、深圳两市共有586家A股上市公司披露各类社会责任报告共592份，其中可持续发展报告11份，企业公民报告1份，环境报告9份，其余571份为社会责任报告。根据上海、深圳两市交易所的强制性披露要求，有393家上市公司为强制披露社会责任报告样本公司。强制披露样本公司中有1家上证公司治理成分股公司未披露，其余392家均按时披露了社会责任报告。也就是说，2012年披露社会责任报告的上市公司中有194家属于自愿性披露，上海市主板、深圳市主板、中小板以及创业板自愿性发布社会责任报告的公司数量分别为57家、41家、77家和19家。据润灵环球责任评级（RKS）对我国近年来，尤其是2010—2012年A股上市公司所发布的社会责任报告监测结果显示：①我国上市公司社会责任信息披露的意识逐渐增强，自愿性披露公司数量稳步增加；②高质量的社会责任报告数量有所增加，低质量的报告数量有所减少；③高污染、风险大的行业，由于受到的外部压力更大，法律监管环境更严格，所发布的社会责任报告无论从数量和质量上均优于其他行业，说明外部压力和法律监管有助于提高企业社会责任信息披露水平；④按证交所规定强制披露的社会责任报告质量高于自愿性披露的社会责报告。

据 2012 版《企业社会责任蓝皮书》显示，2012 年国有企业社会责任发展指数（40.9 分）高于民营企业（15.2 分）和外资企业（13.2 分）。国有企业中，中央企业社会责任发展指数最高（45.5 分），国有金融企业其次（39.5 分），其他国有企业居于最后（23.6 分），但是都高于民营企业和外资企业。另外，在 100 强系列企业社会责任发展指数（2012）前 20 名企业中，2 家为民营企业，1 家为外资企业，其余 17 家均为国有企业（有 16 家为中央企业）。这说明，国有企业的社会责任管理情况及社会责任信息披露水平明显好于民营企业和外资企业。而中央企业遥遥领先，其核心原因可能是大股东及主管部门的推动，比如国资委的强制性约束；而民营企业和外资企业在承担社会责任方面的硬性约束相对较少。

2012 版《企业社会责任蓝皮书》还指出，中国 100 强系列企业社会责任发展指数平均分由 19.7 分上升为 23.1 分，整体从旁观阶段进入起步阶段。在被调查的 3 类性质共 300 家企业中，3 家企业处于卓越者阶段；29 家企业处于领先者阶段；42 家和 41 家企业分别处于追赶者和起步者阶段；处于旁观者阶段的企业最多，为 185 家，这类企业没有推动社会责任管理，社会责任信息披露十分缺乏，甚至，其中有 15 家企业的社会责任发展指数得分为 0 分或负分。

表 6-2　企业社会责任发展指数年度变化情况（2010-2012 年）单位：家

年份	2010	2011	2012
国有企业	28.9	31.7	40.9
中央企业	37.3	44.3	45.5
国有金融	38.7	38.9	39.5
其他企业	11.4	11.9	23.6
民营企业	13.9	13.3	15.2
外资企业	8.1	12.6	13.2

五、我国企业社会责任报告现状分析总结

第一，我国企业发布报告数量呈现高速增长，报告名称大多为《企业社会责任报告》。根据《WTO 经济导刊》的持续跟踪研究，2006 年我国只有 32 家企业发布了社会责任报告，继 2009 年我国企业社会责任报告发布数量出现"井喷"之后，2012 年是报告发布数量再次出现较快增长速度的一年。据不完整统计，2012 年共有 1337 份社会责任报告，其中企业发布 1156 份，非企业组织发布 181 份，表明企业履行社会责任主观能动性增强。而截至 2014 年 10 月 31 日已经发布了 2240 份社会责任报告。政府部门引导是企业发布社会责任报告不可或缺的动力。此外，行业组织的平台和示范带动作用日益显著，逐渐成为推动社会责任发展的重要

动力。

第二，企业社会责任报告编制的参考标准多种多样，没有统一的编制参考标准、内容和格式等方面的强制性要求，尚未形成固定的报告发布制度。大多数企业参照全球报告倡议组织发布的第三代《可持续发展报告指南》（G3），部分企业还参照如国资委指导意见、上海证券交易所及深圳证券交易所指引、中国社科院CASS-CSR 1.0/2.0、中国工经联指南、行业指引等国内外的相关指引或行业标准，或是参照多种编制依据。编制指南的多样化，使得企业在编制社会责任报告时常常眼花缭乱，各自选择参考标准，选择性披露和印象管理迹象十分明显，间接导致企业报告的编制成本上升，影响报告的积极性。此外，还会影响信息的可比性，难以确定社会责任绩效的优劣。

第三，报告内容实质性增强，能够更好地注重与利益相关者的沟通，展示对利益相关者的履责绩效，但在一定程度上仍不能有效识别利益相关者的需求。2012年发布的2011年社会责任报告中大部分能识别企业的利益相关者，从出资者、职工、消费者、政府、环境、社区等几方面来阐述企业履行的社会责任。据统计，2012年识别出利益相关者要求和期望的平均覆盖率为21.6%，较上年增长5.9个百分点，整体识别率较低、大多数报告缺少来自利益相关者的意见，一定程度上不能满足利益相关者的需求。例如，在企业的社会责任报告中较少披露企业发生的法律纠纷，使出资者不能及时发现企业存在的风险，导致出资者做出错误的投资决策；企业应对员工履行的责任内容披露不全面，不便于员工评估自身利益和职业前景；产品安全信息未能充分披露，获取客户信息的方式不正当，未能保证消费者隐私安全，售后服务得不到保障，这些问题都将影响消费者的社会责任信息需求；环保意识和能力建设及生态系统保护等指标覆盖率较低，合作伙伴方面信息披露较少或大都采用定性信息描述，不能满足共建和谐社会的需求。

第四，报告信息的可信性不足，仍存在"报喜不报忧"的现象。企业所披露的社会责任信息不全面，大都注重披露企业履行社会责任所带来的绩效，避重就轻，忽略了运营中存在的问题。很多报告缺乏对负面事情的披露与追踪，缺乏中立、客观的表述及第三方鉴证，可信性有待商榷。不少企业社会责任信息多为描述性文字，缺少有效的定量数据，对于关键性绩效信息描述模糊不清或是刻意回避。此外，存在信息过载，不利于信息使用者获取，并做出相关决策。

第五，综合分析2012年和2013年我国发布企业社会责任报告的A股上市公司情况后发现，2012年的582家上市公司中仅有194家自愿发布2011年社会责任报告，2013年自愿披露2012年社会责任报告的A股上市公司为266家，一定程度上表明上市公司主动披露社会责任信息意愿提升了，但更多的企业是应交易所强制披露规则要求，或是为了随大流才发布的，仅将社会责任报告作为树立好公民形象的一个面子工程，没有真正领会其使命之所在。

第六，报告整体质量有所提升，高水平报告占比明显增加。无论是报告主体还是报告质量都存在很大差异。就发布报告的主体而言，我国东部沿海地带发布数量要明显多于中西部内陆地区；央企的发布数要高于其他性质的企业；制造业发布的报告数虽较上年有所减少，但仍占发布总数的一半以上，而像食品饮料业、医药制造业、房地产等关乎国计民生行业的社会责任报告发布数量却差强人意，还不到本行业企业总数的30%。从质量来看，国有企业要优于民营企业；不同行业发布的报告质量也存在差异，采掘业的报告质量较高。

第二节 企业社会责任信息披露的主要内容

一、国外企业社会责任信息披露内容框架

早期的研究表明，不同国家由于社会体制、特定社会文化以及企业管理者的认识等存在较大差异，从而企业社会责任的内容以及对社会责任进行信息披露的内容也有很大不同。即使在同一个国家，往往也存在着不同的内容框架。但各研究者对企业社会责任信息披露内容框架的研究结论大致可以分为2个视角：利益相关方视角和社会责任议题视角。美国的全国会计师协会（NAA）认为，企业社会责任的主要领域包括社区参与、人力资源、自然资源和环境、产品与服务4个大类，该观点即是从社区、员工、环境和客户4类利益相关者角度进行界定。其中，社区参与是指以社会为导向的活动，使一般公众受益，如慈善活动、社区筹划和改良项目、建造房屋和融资、健康服务、雇员的志愿者活动、食品项目等。人力资源包括与雇员相关的内容，如雇员培训、雇佣情况、工作条件、提拔政策、雇员福利等。自然资源和环境包括降低或者防止环境恶化的活动，如在空气质量、水质量、噪声质量方面遵守相关的法律规章、节约使用稀缺资源、处理固体废物等。产品与服务包括企业产品和服务对社会的影响，如用户至上主义、产品质量、包装、广告、产品保证、产品安全等。创立于1997年的法国ARESE社会排名机构从人力资源，环境、卫生与安全，客户关系与供应商关系，股东关系，社会关系5个方面拟定了社会责任绩效的评价内容。具体来说，人力资源包括雇佣管理、职业管理、薪酬政策、工作条件、卫生与安全、工作气氛、员工满意度等。环境、卫生与安全包括环境风险管理、资源节约计划、排放管理、交通运输管理以及环境培训等。客户关系与供应商关系包括客户服务环境，服务控制，企业管理者的客户导向，创新能力，公平对待供应商，与供应商在研发、生产和配送方面的合作，客户和供应商满意度等。股东关系包括董事会的构成与功能、董事会成员和

执行官薪酬的透明、股东权益以及信息获取渠道。社会关系包含人道主义与慈善捐赠、反被社会边缘化的措施、环境捐赠、文化与教育捐赠、投资社区经济等。许多研究直接从企业社会责任的议题出发，探讨了企业社会责任信息披露的内容框架。Gray，R.H.，Kouhy，R. and Lavers，S.认为，企业社会责任信息包括以下15个大类：环境问题类、消费者问题类、能源问题类、社区问题类、慈善和政治捐赠问题类、与雇员相关的数据类、养老金的数据类、向雇员咨询类、在南非的雇用问题类、雇用残疾人的问题类、增值表类、健康与安全类、雇用持股计划类、其他的雇用问题类、其他类。Trotman 和 Bradley 则使用了以下6个大类的指标：环境信息、能源、人力资源、产品、社区参与、其他，这6个大类指标共包括36个小类。日本 Yamagami，T. and Kokubu，K.认为，企业社会责任披露就是企业所提供的社会影响的信息，包括环境（能源、产品安全）、社区参与、雇员关系、研究与开发、企业的国际活动5个大类。全球报告倡议组织源于非营利机构CERES 和 Tellus 研究学院，最初是一个关于环境影响报告的框架，目标是建立一种信任机制，保证和帮助企业生产更环保的产品。1998年，学院和联合国环境署共同起草了一个最终发展成为全球报告倡议的草案，不仅涉及环境方面，还包括社会影响、经济影响、政府工作。从这一刻起，全球报告倡议组织的可持续报告框架就正式成立了。2000年，全球报告倡议组织发布了自己的第一份指导方针。自1997年创立以来，全球报告倡议组织已逐渐发展成为在全世界70个国家中拥有3万成员的国际网络组织，其发布的《可持续发展报告指南》是目前全球最广泛采用的企业社会责任信息披露框架。截至2009年9月25日，全球已经有5637家企业的22889份企业社会责任报告按照《可持续发展报告指南》的信息披露要求编写。《可持续发展报告指南》将企业社会责任报告应当披露的信息分为战略及概况、管理方针以及绩效指标3类，并建立了3级指标体系，表6-4中列出了一级指标和部分二级指标。《可持续发展报告指南》与其他企业社会责任信息披露的内容框架所不同的是，其除了要求企业披露经济、社会、环境等方面的责任实践与绩效，还要求披露企业的可持续发展理念、企业治理结构和利益相关方的参与情况等。因为企业社会责任与企业运营的各个环节密切相关，只有以社会责任理念指导企业经营，以社会责任管理引导企业行为，才能将企业社会责任融入各个环节、各个岗位的日常工作中，提升企业可持续发展的能力。因此，责任管理应当是企业切实履行社会责任的重要方面，也应是企业社会责任信息披露的重要内容之一。《可持续发展报告指南》的一级指标"绩效"下要求披露的信息对应于一般的社会责任信息披露框架所提出的披露内容，其逻辑主线是以经济、社会、环境"三重底线"为基础的社会责任重要议题梳理。

除全球报告倡议组织《可持续发展报告指南》的社会责任信息披露框架外，

目前在全球具备一定影响力的还包括《财富》100强责任排名指数、道琼斯可持续发展指数、富时可持续性投资指数（FTSE4Good）、约翰内斯堡股票交易所责任投资指数以及英国企业商会（BiTC）企业责任指数等的社会责任内容框架（见表6-3）。其中，道琼斯可持续发展指数、约翰内斯堡责任投资指数和英国企业商会（B：TC）企业责任指数均是以"三重底线"为内容逻辑，富时可持续性发展指数主要以企业社会责任议题为内容逻辑；此外，《财富》100强责任排名指数和约翰内斯堡责任投资指数都强调了企业战略、治理的重要性。

表6-3 国际企业社会责任指数内容框架

指数名称	发布时间	发布方	对象	内容框架
全球报告倡议组织（GRI）可持续发展报告指南（G3）	2006年	全球报告协议组织	全球企业	战略及概况、管理方针及绩效指标
《财富》100强责任排名指数	2004年	英国Account Ability研究所和CSR Network咨询公司	《财富》全球500强前100名企业	利益相关方、治理、战略、绩效管理、公开披露以及是否聘用外部独立审验6个方面
道琼斯可持续发展指数	1999年	道琼斯公司（Dow Jones）与可持续资产管理公司	道琼斯指数DJSI所覆盖的24个国家58个工业组织中前10%的在可持续发展领域领先的公司	经济、社会、环境
富时可持续性投资指数（PISE4-Good）	2001年	伦敦证交所与英国伦敦《金融时报》	涵盖英国、欧洲大陆以及美国等的100家公司	环境、社会和利益相关方、人权、供应链中的劳工和反腐败等标准

英国企业商会（BiTC）企业责任指数	2002年	英国企业商会	FISE100和FISE250中的公司，道琼斯可持续发展指数中各行业中的领先公司，英国企业商会中的大公司	环境、社会

二、国内企业社会责任信息披露内容框架

我国现有法律、法规对企业社会责任的规定比较模糊，没有明确社会责任的具体内容。比如新《公司法》规定，公司从事经营活动，必须遵守法律、行政法规，遵守社会公德、商业道德，诚实守信，接受政府和社会公众的监督，承担社会责任。《上市公司治理准则》第八十六条规定："上市公司在保持公司持续发展、实现股东利益最大化的同时，应关注所在社区的福利、环境保护、公益事业等问题，重视公司的社会责任。"随着企业社会责任运动在中国的快速发展，相关部门开始陆续出台推动企业社会责任的各项倡议文件，对企业社会责任内容的界定逐渐清晰起来。2006年发布的《深圳证券交易所上市公司社会责任指引》第三十六条的内容是："上市公司可将社会责任报告与年度报告同时对外披露。社会责任报告的内容至少应包括：（一）关于职工保护、环境污染、商品质量、社区关系等方面的社会责任制度的建设和执行情况；（二）社会责任履行状况是否与本指引存在差距及原因说明；（三）改进措施和具体时间安排。"2008年1月，国资委出台的《中央企业履行社会责任指导意见》中指出，中央企业履行社会责任的主要内容包括：坚持依法经营诚实守信、不断提高持续盈利的能力、切实提高产品质量和服务水平、加强资源节约和环境保护、坚持自主创新和技术进步、保证安全生产、维护员工合法权益、参与社会公益事业等。2009年1月，上海证券交易所发布《〈公司履行社会责任的报告〉编制指引》，规定公司在编制社会责任报告时，应至少关注如下问题：（一）公司在促进社会可持续发展方面的工作，例如对员工健康及安全的保护、对所在社区的保护及支持、对产品质量的把关等；（二）公司在促进环境及生态可持续发展方面的工作，例如如何防止并减少污染、如何保护水资源及能源、如何保证所在区域的适合居住性，以及如何保护并提高所在区域的生物多样性等；（三）公司在促进经济可持续发展方面的工作，例如如何通过其产品及服务为客户创造价值、如何为员工创造更好的工作机会及未来发展、如何为其股东带来更高的经济回报等。常勋认为，各国社会责任会计披露内容包括7项：环境、就业机会、人事、参与社区活动、产品的性能和安全、企业行为、商业

道德。

葛家澍、林志军认为，企业会计人员要提供以下"社会责任"信息：企业与环境保护、就业、雇员培训、反种族歧视、医疗劳保、与社区之间的联系或所做贡献等。

此外，社会责任信息还应包括：改善生态环境贡献、对社会福利的贡献、人力资源方面的贡献、提供产品和维修服务的贡献、诚实信用的商业道德、企业收益方面的贡献。沈洪涛、金婷婷分析指出，上市公司披露的企业社会责任信息主要集中在社区方面，而对环境、员工、产品安全等方面的信息披露较少。李正认为，以下6个大类共包含17个小类活动属于企业社会责任信息披露的范畴：环境问题类（污染控制、环境恢复、节约能源、废旧原料回收、有利于环保的产品、其他环境披露）、员工问题类（员工的健康和安全、培训员工、员工的业绩考核、失业员工的安置、员工其他福利）、社区问题类（考虑企业所在社区的利益）、一般社会问题类（考虑弱势群体的利益、关注犯罪或公共安全或教育等、公益或其他捐赠）、消费者类（产品质量提高）、其他类（例如，考虑银行或债权人的利益）。构建企业社会责任指标体系是使企业社会责任内容和相关信息披露内容具体化的重要手段。近两年来，国内研究机构和学者对企业社会责任指数标体系的研究逐步开展，既有构建企业社会责任指标体系的框架，也有细化到具体的指标。肖红军、李伟阳构建了企业社会责任指标体系的五维模型，这五维是：利益相关方维度、责任内容维度、指标功能维度（管理、沟通与考核功能）、组织层级维度（企业、部门、岗位），以及作用属性维度（过程性指标、结果性指标、制度保障性指标）。张玲丽基于利益相关者理论构建了企业社会责任评价指标体系，其中，一级指标由股东、消费者、员工、环境、商业伙伴和公益事业组成。发布企业社会责任报告是当今企业进行社会责任信息披露的重要载体，叶陈刚、曹波提出了企业社会责任报告与评价指标体系，一级指标按照利益相关方的逻辑构建，包括员工、投资者、政府、社区、环境、商业伙伴、竞争者，该指标体系的所有二级指标均是定量指标，未包含任何衡量企业社会责任管理水平的定性指标。除了一般性的社会责任指标体系研究，还有一些学者进行了特定行业的指标体系研究，因为对于不同行业的企业，其履行社会责任的内容存在一定差异，一般来说，制造业比服务业对环境的影响更大。陈佳婧、张明泉提出了石油企业的社会责任评价体系，"保障国家能源供应""新能源的开发和利用"等指标体现了行业特征，但指标体系构成过于简单。华立群、朱蓓构建了中国银行业的社会责任评价指标体系，其中的行业特征指标包括"对顾客的风险提示""对金融和货币政策的执行""对国家公共事业的金融支持"等。2009年7月，北京大学民营经济研究院历时一年完成了《中国企业社会责任评价体系》，该评价体系以"三重底线"理论为基础，从经济关系、社会关系和环境关系3个维度梳理了企业社会责任重要议题，包括：企业的基本财务绩效、企业对外部社会的经济贡献、企业内员工权益保护状况、企业外部利益相关方权益保护状况、企业对其生产经营所在地的生态环境影响等。近年来，中国政府和行业协会等机构积极推动企业社会责任，陆续发布了一系列企业社会责任倡导文件，包括《中央企业履行社会责任的指导意见》《中国工业企业及工业协会社会责任指南》《中国企业社会责任推荐标准和实施范例》《深圳证券交易所上市公司社会责任指引》《中国纺织企业社会责任管理体系》等。

《中央企业履行社会责任的指导意见》《中国工业企业及工业协会社会责任指南》和《中国企业社会责任推荐标准和实施范例》都以"三重底线"为逻辑框架，《深圳证券交易所上市公司社会责任指引》以利益相关方为内容框架，而《中国纺织企业社会责任管理体系》着眼于建立企业社会责任管理体系和保护员工权益。由此可以看出，国内社会责任倡导机构、推动者和研究者的探索也基本以利益相关方或社会责任议题为逻辑，并具有了一定的系统性，但在内容框架的全面性方面还有所欠缺，比如，部分指标体系只纳入了绩效指标，未考虑到企业的管理水平，但企业治理结构、发展战略、管理制度和措施等都是体现企业社会责任水平的重要方面，应当作为信息披露内容框架的重要组成部分，因为缺乏规范管理的企业是难以防范社会、环境风险的。此外，明确社会责任理念、建立社会责任领导和管理机构、开展社会责任信息沟通等也应当是企业履行社会责任和社会责任信息披露的重要内容。国际和国内的企业社会责任领先企业都十分重视责任管理，然而，当前国内构建的企业社会责任内容框架中尚未纳入责任管理。

西方发达国家企业社会责任信息披露经历了一个从自愿披露到强制披露，再到两者相融合的发展过程。由于不同国家企业文化、领导人理念和企业实力等方面各不相同，主要发达国家强制披露的信息范围也存在一定差异。我国在披露社会责任信息时应考虑利益相关者的社会责任信息要求，同时分析我国当前的主要社会责任问题。我国企业的社会责任信息披露内容也应区分为自愿性披露和强制性披露两大块。在满足利益相关者合理信息需求的基础上对披露内容进行一个重点和非重点的划分，对关键性内容强制性披露，对次要内容则鼓励企业自愿披露。

笔者认为，强制性信息披露的内容包括如表6-4所示的各项指标。

表6-4　企业社会责任信息披露内容

一级指标	二级指标	三级指标
1对股东的责任	1.1股东收益及增长情况	1.1.1净资产收益率
		1.1.2股利发放率
		1.1.3每股收益增长率

一级指标	二级指标	三级指标
		1.1.4是否制定长期和相对稳定的利润分配政策
	1.2股东权益的保障程度	1.2.1资本保值增值率
		1.2.2是否存在管理层道德风险
		1.2.3是否公平对待所有股东
	1.3信息披露	1.3.1信息披露是否真实
		1.3.2信息披露是否及时
		1.3.3是否存在选择性信息披露
2对债权人的责任	2.1企业的短期偿债能力	2.1.1流动比率
		2.1.2速动比率
		2.1.3现金流动负债比率
	2.2企业的长期偿债能力	2.2.1资产负债率
		2.2.2利息保障倍数
	2.3企业的信用状况	企业信用评级
3对政府的责任	3.1纳税贡献	纳税比率
	3.2及时纳税	是否存在延期纳税
	3.3是否积极配合政府相关工作	
4对社区的责任	4.1解决社区的就业问题	就业贡献率
	4.2参与社区活动	
	4.3赞助社区活动	
	4.4是否设专人负责社区关系协调	
5对社会公众的责任	5.1公益捐赠	捐赠比率
	5.2关注社会公众及新闻媒体对公司的评论	
	5.3设专门部门进行公共关系管理	
	5.4制定应急事件处理预案	
6对供应商的责任	6.1赊账情况	应付账款周转率
	6.2是否有违约记录	
	6.3公平交易	
	6.4商业诚信	

续表

一级指标	二级指标	三级指标
7 对消费者的责任	7.1 产品责任	7.1.1 产品返修率
		7.1.2 产品质量安全
		7.1.3 产品维修与售后服务
	7.2 对消费者的应对	7.2.1 妥善保管消费者的个人信息
		7.2.2 顾客满意度
		7.2.3 对消费者要求的回应
8 对环境保护的责任	8.1 环保政策的制定和执行	8.1.1 是否有整体环境保护政策和体系
		8.1.2 是否专人定期检查环境保护实施情况
	8.2 环保投入	8.2.1 环保经费占销售收入的比重
		8.2.2 环保经费增长率
	8.3 产品能源消耗	单位收入能耗率
	8.4 污染治理	8.4.1 污染物排放是否超标
		8.4.2 废弃物是否加以综合利用
	8.5 环境罚款支出	环境罚款支出比率
9 对员工的责任	9.1 劳动合同	9.1.1 是否与员工订有劳动合同
		9.1.2 是否执行劳动合同
	9.2 童工	是否使用童工
	9.3 强迫或强制劳动	9.3.1 员工辞职自由
		9.3.2 员工拒绝接受危险岗位工作自由
	9.4 工作时间	工作时间是否超过八小时
	9.5 薪酬与福利	9.5.1 工资增长率
		9.5.2 员工福利与社保提取率
		9.5.3 员工工资水平是否超过当地最低工资标准
		9.5.4 是否按时发放工资和津贴
		9.5.5 额外加班是否发放工资
		9.5.6 员工是否享有带薪休假
	9.6 工会组织与集体谈判权	9.6.1 是否建立工会组织
		9.6.2 工会在决策中的参与度
	9.7 歧视	9.7.1 是否存在性别歧视
		9.7.2 是否存在种族歧视
	9.8 职业健康与安全	9.8.1 工作场所卫生设施

一级指标	二级指标	三级指标
		9.8.2工作场所安全设施
		9.8.3员工住宿条件
	9.9职业培训	9.9.1是否建立职业培训制度
		9.9.2员工人均年教育经费

第三节 企业社会责任信息披露的目标和要求

一、企业社会责任信息披露目标

关于财务会计的目标有受托责任观和决策有用观两种代表性的观点，西方发达国家如英、美等国偏向决策有用观。因企业社会责任信息有其特殊性，企业社会责任信息披露的目标也应是为利益相关者提供相关信息，但从利益相关者角度来看应是受托责任观与决策有用观并行存在。依据广义的受托责任观，企业的管理者受整个社会委托，利用社会各利益相关者提供的人力资源、环境资源、公共资源等进行生产经营活动，作为回报，企业也应对社会负责，提供有关企业履行社会责任情况的信息；企业的各利益相关者则依据企业提供的社会责任信息来评价其社会责任履行情况及对社会的价值大小，以决定是否继续为其提供各种社会资源。具体而言，企业社会责任信息披露目标可分为最终目标和基本目标两个层次。企业社会责任信息披露的最终目标是提高社会效益，实现社会效益最大化。这也是与传统财务会计信息披露存在明显区别的地方。传统财务会计信息使用者主要是企业的投资者和经营者，旨在提高企业经济效益，追求股东财富或企业利润的最大化。企业所披露的社会责任信息反映的是企业相关决策及经营活动对经济、社会及环境等方面的影响，通过正确计量和评价企业经营活动所产生的社会成本和效益，优化社会资源配置，消除外部"不经济"，最终实现社会效益和社会贡献最大化。其基本目标是企业受整个社会的委托，理应对社会负责，为企业的各利益相关者提供企业履行其应尽的社会责任义务情况的信息，这些信息应是真实可靠的，能够满足各利益相关者的使用需求，能够为企业利益相关者做出相关决策提供帮助。与传统的财务报告信息使用者相比，企业的社会责任信息使用者更为广泛。企业社会责任主要调节和处理的是其与各利益相关方之间的利益关系，其利益相关者包括出资者（股东及债权人）、职工、消费者（客户）、政府、合作伙伴、环境（资源）及社区等方面。企业提供的社会责任信息应满足各利益相关者的使用需求，能够有助于其做出相关决策。

二、企业社会责任信息披露质量要求

企业社会责任信息披露质量要求是指披露的企业社会责任信息对信息使用者决策应具备的基本特征。质量越高的企业社会责任信息披露越有利于利益相关者对公司的社会责任绩效做出理智和合理的评估，从而采取适当的行动。企业社会责任信息披露质量要求是建立在会计信息质量要求基础上而发展起来。目前我国财务会计有八大信息质量要求。综合回顾国内外有关研究成果，发现全球报告倡议组织（GRI）的《可持续发展报告指南》对企业社会责任信息披露质量要求的定义较为权威，主要包括中肯性、可靠性、准确性、可比性、清晰性及时效性6个方面。在国内有社科院发布的《中国企业社会责任报告白皮书2013》以《中国企业社会责任报告编写指南（CASS-CSR2.0）》和《中国企业社会责任报告评级标准（2011）》为评价依据，从完整性、实质性、平衡性、可比性、可读性、创新性6个维度对我国企业社会责任信息披露进行质量评价。《金蜜蜂中国企业社会责任报告研究2013》则根据"中国社会责任报告研究理论模型"从结构完整性、报告可信性、可读性、创新性、绩效可比性及内容实质性6个维度对企业社会责任信息披露进行质量评价。综合各种要求，并结合我国实践，本文认为从完整性、可读性、真实性、实质性、一致性及创新性6个方面对企业社会责任信息披露的质量进行综合评价。

（一）完整性

完整性原则主要从两个方面来考查企业社会责任信息披露的内容：一是责任领域的完整性，即是否包括了经济、社会和环境三方面责任；二是披露方式的完整性，即是否涵盖了履行社会责任的理念、制度、绩效及措施。相较于传统财务会计信息，完整性原则有着更加宽广的内涵。企业社会责任信息应满足各利益相关者的需求，分清谁是企业的利益相关者，并在披露时说明企业如何回应他们的合理期望与利益。企业披露的社会责任信息应包括经济、社会和环境三方面责任信息，包括但不仅限于出资者、员工、消费者、政府、能源与环境、社区及合作伙伴等方面的具体披露指标。披露的内容不仅应披露定性信息，还应在全面掌握相关记录的基础上进行定量披露。同时，披露的内容应包含全部可能对各利益相关者和企业经营活动可持续性产生重大影响的信息，不仅应披露好的社会责任信息，还应披露坏的社会责任信息，使各利益相关者充分理解企业存在的风险和机遇。此外，还应注重披露渠道的完整性，综合利用媒体和官方网站、企业年报及临时公告等多种渠道披露企业社会责任信息。

（二）可读性

可读性原则又称可理解性或明晰性原则，是指信息的披露应采用有组织的、明确而又简洁的方式进行表述，但同时也应保证完整性。披露的信息应易于被信息使用者所接受和理解，避免出现信息过载。主要表现在以下几个方面：结构清晰，条理清楚；语言简洁、流畅、通俗易懂；需要使用流程图、图片、数据表或提供相关网络链接等表达形式；避免高深的专业术语和缩略语，对需要解释的陌生词汇和问题作出解释；方便阅读的排版设计和结构安排。可读性原则要求企业提供的社会责任信息应通俗易懂、深入浅出、生动活泼、富有亲和力，便于各利益相关者获取和理解。

（三）真实性

真实性原则是指企业社会责任信息披露是否表述客观（是否包含负面信息披露），是否有利益相关方、企业社会责任专家评价或是第三方审验，是否标注了信息来源。企业在披露社会责任信息时应客观、真实、准确地披露企业的社会责任履行情况，言行一致，不得选择性披露。同时，企业应当善于标注信息来源，保证披露的相关数据和文字表述有据可查。除了本企业履行严格的信息披露决策和审查程序，还要接受有资格的第三方进行鉴证，保证信息的真实、公正、有效。如果企业未能披露任何负面信息，或是社会已知悉的重大社会责任信息却未在相应报告中进行披露和回应，或是未进行第三方验证，未标明信息来源则是违背了该原则。

（四）实质性

实质性原则又可理解为相关性或是有用性原则，是指企业社会责任信息披露是否涵盖了行业特征议题或时代议题等关键性社会责任议题，以及是否包含了受其重大影响的关键利益相关者。如食品饮料行业企业应披露食品安全、问题食品处理等方面的议题。该原则要求披露的社会责任信息必须与信息使用者的决策相关。企业既应披露与现有利益相关者相关的信息，还应披露预期未来将会影响其决策或是经营可持续性的信息。当然，信息披露并非越多越好，偏离关键性社会责任议题或是明显不具备决策价值的信息可以不予或减少披露，避免造成信息过载，增加信息使用者的分析成本。另外，为了更好地满足该原则的要求，企业应注重信息披露的时效性。因为许多社会责任事件常常是不可预料的，容易在相当短的时间内对其使用者产生重大影响，企业应及时而有规律地披露社会责任信息。

（五）一致性

一致性原则亦称可比性原则，是指企业的社会责任信息披露应有助于利益相关方对企业社会责任绩效进行分析和比较。同一企业在不同时期采用的信息披露模式和方法应尽可能一致。可比性主要表现在横向可比和纵向可比两个方面。横向可比是指企业在披露相关责任议题的绩效水平时应披露同行的绩效。特别是处于相同行业的企业应采用相同或近似的规范，使用的指标和项目也应相同或近似，确保口径一致、相互可比，以便不同地区和行业间企业进行比较分析和汇总。为此，在横向可比性方面，要求企业应遵循统一的报告编制依据和提供相关行业数据。纵向可比是指企业应提供历史可比数据，要求同一企业在不同时期发生相同或近似事件时，应采用一致的信息生成和披露政策。

（六）创新性

创新性原则是指报告的内容、形式与国内外社会责任信息披露及企业往期社会责任信息披露进行对比，判断其内容形式有无创新，以及创新是否提高其披露质量。相较于财务信息，我国现有企业社会责任信息披露缺乏统一的法律规范，但这恰恰也为个性化信息披露提供了广阔的空间。该原则要求企业在披露社会责任信息时应避免披露形式公式化和披露信息的雷同，切实设计适合企业当期的社会责任信息披露模式和内容，使各利益相关者能更深入地了解企业的社会责任履行状况。

三、推动企业披露社会责任信息建议

研究发现：中国企业社会责任信息披露并不积极，整体水平低下。需要多方努力，推动更多企业披露社会责任信息，鼓励企业单独发布社会责任报告，规范信息披露的内容框架，提高信息披露的质量。

（一）多方促进企业披露社会责任信息

1.加强企业社会责任信息披露的监管立法

彭华岗研究发现，企业披露社会责任信息是对强势利益相关者的反应，其中，法律法规是其最重要的"社会责任"压力。如果法律法规模糊，则其反应会流于形式，提供的社会责任信息就缺乏质量、没有价值。因此，为了提高企业社会责任信息的决策价值，应该对信息披露进行监管立法。中国政府应该仿照英国、瑞典、法国等国家加快推进企业社会责任信息披露的立法工作，形成一套系统、完整的社会责任信息披露法律法规体系，从法律的高度强制约束企业的社会责任信息披露行为。一方面，政府可以以制定法律的方式，介入企业社会责任信息披露，在对目前散见于各种法律文本中的有关社会责任信息披露的法律条文进行系统整理和完善的基础上，制定系统、全面的企业社会责任信息披露法律规范，使我国企业的社会责任信息披露从自愿走向强制、从无序走向有序；另一方面，财政部可以以制定会计准则的方式介入企业社会责任信息披露，制定企业社会责任信息披露准则，规定企业社会责任信息披露的列报原则、内容、方式以及质量特征，统一规范企业社会责任信息列报，增强企业间社会责任信息的可比性。同时，证监会应该在法律框架内，尽快制定较为完善的《上市公司社会责任信息披露细则》，规定上市公司社会责任信息披露的内容、方式和程序等，以统一规范上市公司的社会责任信息披露。另外，证监会应加强对上市公司重大社会责任事件的披露管理，规定重大社会责任事件的认定标准、披露内容和披露程序等，对不按照规定披露重大社会责任事件信息的上市公司，要加大处罚力度。

2. 企业主管机构应积极推动企业披露社会责任信息

实证研究发现，中国 100 强企业中的中央企业社会责任信息披露的比例和水平都远高于其他类型的企业。这与近年来国资委积极推进中央企业履行社会责任，发布社会责任报告紧密相关。商务部、银监会、证监会和地方国资委应采取类似行为，积极、具体地推进外资企业、金融企业、上市公司和地方国有企业的社会责任信息披露。

3. 引导投资者建立责任投资理念

责任投资是推进企业社会责任行为最为直接有效的力量。政府应该引导资本市场或证券市场上号召力强、影响大的机构投资者树立责任投资的理念，对于政府直接控制的公益信托基金应该尽快立法要求其履行责任投资。同时，要求这些投资者在对被投资公司进行评价时，不再是仅仅关注公司的盈利情况，还需要将公司是否承担社会责任作为重要的测评依据。从资本的角度推进公司的社会责任信息披露。

4. 加强企业社会责任意识

企业内部是社会责任信息披露的原动力，因此，加强企业社会责任意识，对提高我国社会责任信息披露显得尤为重要。政府应与主流媒体合作，对一些传统观念进行更新，要加强社会责任的宣传活动，让企业逐渐自觉地意识到企业不仅是一个自主经营、自负盈亏的经济实体，也是社会不可分割的一部分，企业的社会行为会对整个社会产生影响，使企业认识到履行社会责任，正确地披露社会责任信息是企业应尽的义务。

5. 改善企业内部社会责任专职人员的知识结构

企业履行社会责任情况的信息，最终必须由企业内部人员加以披露和报告。因此，企业内部社会责任专职人员素质的高低，直接影响到会计报表的质量和社会责任会计作用的发挥。推行社会责任信息披露已超越了传统会计对会计人员知识的要求，渗透着社会学、经济学、环境学等学科知识，企业社会责任专职人员必须在原有基础上，学习与社会责任相关的知识，了解企业生产经营业务与社会之间的关系。因此，要逐步把与社会责任有关的学科知识融入企业社会责任专职人员后续教育和培训中去。同时，科研机构和大专院校要增设相关专业，把相关知识作为学生素质教育的基本组成部分，为以后开展社会责任工作打下基础。

（二）发展社会责任投资基金

企业社会责任信息披露成本与收益的失衡导致企业社会责任信息披露动力不足，解决企业社会责任信息披露成本与收益的均衡问题，除了政府通过一定的激励机制鼓励企业披露社会责任信息，市场也应该发挥无形的手的作用，通过大力发展社会责任投资基金，引导资源流向社会责任履行较好的企业，进而促进企业积极承担社会责任并高质量地披露社会责任信息。虽然我国的社会责任投资基金尚处于起步阶段，但美国、加拿大、瑞典、英国等国家的经验已经表明，社会责任投资基金在推动企业可持续发展和承担社会责任方面发挥了重要作用。社会责任投资基金是以社会责任为投资依据，追求经济盈余、社会盈余和生态盈余的协调发展，引导资金配置到人与社会、环境和谐发展的产业上，使每个企业都关注社会责任，重视披露社会责任信息。由于社会责任投资基金的投资依据是社会责任，企业为了获取稀缺资本，会积极承担社会责任，同时会积极披露社会责任信息，以避免由于信息不对称而导致投资者发生逆向选择行为。在市场这只"无形的手"的作用下，资源会自动流向社会责任信息披露较好的企业，补偿了企业因披露社会责任信息而发生的成本；同时，机敏的投资人也会将资本从社会责任履行较差的企业撤出，市场自动惩罚了社会责任信息披露较差的企业。通过市场调节，实现了企业社会责任信息披露成本与收益的均衡。

（三）建立权威的社会责任报告编报标准

关于企业社会责任报告编报标准，目前国际上比较权威的有全球报告倡议组织（GRI）发布的《可持续发展报告指南》（G3）和国际标准化组织（ISO）发布的《社会责任国际标准》（ISO 26000）。由于不同的国际组织使命不同，因而GRI和ISO制定的社会责任信息披露标准的侧重点也不同，而且上述国际标准在制定时主要考虑的是欧美等社会责任发展较早的国家的情况，与我国的实际国情差距较大。我国在建立社会责任报告编报标准时必须考虑我国企业社会责任的发展水平和企业社会责任信息披露的实际水平，因地制宜地制定既适合我国国情又与国际标准接轨的社会责任报告编报标准。

综观国际社会责任运动的发展，美国的AAA、AICPA，英国的ACCA等行业组织都为本国的社会责任信息披露做出了重要贡献。因此，中国会计学会作为行业组织，应该联手社会责任领域的专家学者，共同组建中国的社会责任标准委员会，以承担建立中国权威的社会责任报告编报标准的重要使命。作为中国的企业社会责任报告编报标准，应该既有一定的前瞻性，又有一定的可操作性。因此，标准的制定应以 G3 或 ISO 26000 等国际标准的披露框架为参照，力求具有一定的前瞻性，以满足中国企业未来走向国际市场的需要；同时，标准的制定又不能脱离中国企业实际的社会责任发展水平，以体现其可操作性。

（四）建立社会责任审计制度

社会责任审计是促进企业履行社会责任的一个工具，它监督企业经营活动的社会后果，提出审计报告并影响企业的经营及管理决策。为加强对企业履行社会责任情况的监督力度，保障企业对外披露社会责任信息的真实性与公允性，国际上某些机构组织已实施了企业社会责任审计制度。目前，由于社会责任审计的研究起步较晚，我国的审计主要侧重于财务收支方面的审计，还没有专门的社会责任方面的审计，社会责任会计信息披露审计也没有严格的标准可遵循。这不利于对企业社会责任履行情况进行监管。

通过社会责任审计工作可以使信息披露逐步走向规范化的道路。因此，各级政府审计机构应该主动承担起监督职能，加紧研究和实施社会责任审计制度，借鉴国际已有标准建立适用于我国的企业社会责任标准。同时，鉴于目前我国社会责任信息披露的现状，可以先将社会责任审计融入经济责任审计中，积极培育会计市场上功能更全面的中介机构，以对企业的社会责任会计信息披露情况进行有效监管。

第七章 企业社会责任以及绩效评价的推进策略

企业社会责任及绩效评价推进，即指来自企业内部及外部的各种力量共同作用，促使企业社会责任及评价的有效实现，从而达到包括企业自身及其他利益相关者在内的各方利益均衡的过程。企业社会责任及绩效评价推进机制，主要包括内部机制和外部机制。内部机制是指企业内部自发承担社会责任的相关制度、机构等。而外部机制则是指法律法规监督、社会组织监督、社会舆论监督等促使企业承担社会责任及其推进社会责任绩效评价有效进行的监督机制。

第一节 完善企业内外部机制

一、建立企业社会责任及绩效评价的内部机制

（一）进一步树立和提升社会责任意识

企业管理层应该认识到企业履行社会责任，是全面落实科学发展观，构建社会主义和谐社会的必然要求。履行社会责任是体现企业控制力、影响力和带动力的重要方式，也是企业对企业价值的全面追求、企业自身持续稳定发展的客观需要。企业高层管理者在实施社会责任管理方面具有关键性的作用。只要企业高层管理者认识到企业社会责任管理的重要性，并将其上升到企业战略的高度，将企业社会责任管理的系统工作当作"一把手"工程来抓，否则，社会责任管理就会流于形式。企业高层管理者要大力推进企业社会责任管理的实施，建立企业社会责任价值观，确保社会责任管理真正落到实处。

形成企业社会责任价值观要从3个方面做起。第一，企业要进行价值观渗透和价值排序。价值排序是指企业的伦理宪章。实践表明，如果企业的价值排序混

乱，就不可能保持百年不衰，就如同企业的战略决策不正确，企业很可能在很短时间内就会垮台；第二，抓企业骨干培训。要对企业家、管理层精英、员工进行科学发展观的培训；第三，抓道德培育和文化网络建设。只有形成一种企业社会责任意识的文化氛围，才能达到效果。最高明的管理是把管理规范转化为一种文化氛围。

1.企业将社会责任建设同企业文化建设相融合，使社会责任成为合格企业的"标识"

企业文化是企业生存和发展的精神支柱，是企业价值观的集中体现，是企业的灵魂所在。企业文化影响企业行为，优秀的企业文化是企业软实力的重要表现，能够吸引和凝聚优秀员工，并赢得供应商和消费者青睐及政府支持。培育优秀的企业文化就是培育富有社会责任观的企业文化，用企业文化来推动企业社会责任的履行。

企业承担社会责任已成社会共识，企业社会责任是企业对社会价值强烈追求的生动反映和真实写照。企业只有认识到企业社会责任建设的重要性，并把这种社会责任建设与企业文化建设结合起来，才能在履行社会责任、实现企业价值过程中不断提升企业的综合实力和核心竞争力，促进企业持续健康发展。企业承担社会责任，其核心是建立"以人为本"的管理文化。因此，第一，企业应当把社会责任意识融入创建现代企业文明、维护劳工利益、关爱员工生活、扶持弱势群体、保护生态环境、发展慈善事业、捐助公益事业、遵守商业道德等方面的企业文化建设中；第二，在企业文化构建中体现"取之于社会，用之于社会"的社会责任理念，在体现"谋利"导向的同时，更体现出为社会"谋福"的宗旨；第三，通过企业报刊、领导宣讲、党群组织活动等多种方式，充分运用企业形象识别系统或广告语等各种载体，大力宣传企业宗旨、核心价值观和经营理念，不断增强广大员工的社会责任意识，努力在实现企业价值的过程中体现社会责任。

企业文化对内具有导向功能，对外具有辐射功能，在组织间具有互动效应：在一个倡导有道德经营的商业氛围中，标杆公司的CSR行为能够得到广泛推崇和传播。从目前企业的跨国经营和国际贸易的实践来看，许多跨国公司都把执行社会责任标准作为重要的企业发展战略。可以说，企业社会责任作为一种新的企业价值观，已被国际社会广泛接受。当前，我国企业应以社会责任表率企业为榜样，以国有企业和上市公司为社会责任的主体，带动其关联企业和中小企业，通过企业之间的互动，从个别企业扩展到整体企业，从而在遵纪守法、安全生产、消费者权益保护、环境保护、个人信息保护、公司治理、风险管理、劳工权益、信息公开、社区贡献这些方面稳步推进。

2.把承担社会责任纳入企业整体经营战略，融入企业管理体系

企业应该将社会责任建设纳入企业发展战略目标，融入企业管理体系，把履行社会责任作为提升企业管理水平、增强企业综合竞争力的重要内容，积极履行社会责任，并通过自身的模范示范作用，更好地发挥影响力和带动力，进而促进企业与社会、环境的全面协调可持续发展。企业的成功离不开各利益相关者的支持，企业在所从事的各种活动当中，应当对所有利益相关者承担相应的责任，以求不仅在经济方面，更在社会、环境等领域获得可持续发展的能力。在制定企业发展战略时，除了利润目标，还要明确企业的社会责任，并及时根据企业社会责任战略调整企业内部组织结构，将履行社会责任的要求全面融入企业发展战略和日常经营管理。高度重视非财务因素对企业战略决策的影响，把社会责任工作融入企业管理制度、控制程序、激励政策和业绩目标，以适应实施社会责任战略的需要。

3.社会责任与企业价值链结合，全面推行价值链管理

根据迈克尔·波特的价值链分析法，每个企业都是生产、营销、交货以及对产品起辅助作用的各种价值活动的集合，这些内外价值增加活动分为基本活动和辅助活动，它们构成企业的价值链。我国国务院发展研究中心企业研究所副所长张文魁教授指出，我国企业发展长期处于全球价值链低端地位，无价值可分享，这是很多企业社会责任缺失的实质性原因。为了改变这种情况，必须全面推行价值链管理，实现从价值链的低端向中高端移动，使企业在对社会尽到责任的同时提升企业的价值。

4.建立系统的企业社会责任管理制度

外部压力机制需要制度的保障，同样，企业内部推进社会责任建设的各项措施最终也要落实到制度上。新制度经济学理论认为，制度作为一种行为规则，具有将外部利益内部化的功能，制度执行所带来的经济价值是其存在的重要原因。企业通过组织制度的确立，使社会责任管理更为正规化、日常化和专门化，降低随意性；通过运用系统的管理方法使企业的社会责任活动更具持续性和可操作性。因此，建立系统的企业社会责任管理制度，不仅能保证组织社会责任管理工作的顺利进行，并且还可以为组织节约成本。

（二）建立健全企业社会责任治理结构

要体现出企业对社会责任的重视，确保企业社会责任管理落到实处，首要的工作就是在董事会/总经理这一最高决策机制中下设社会责任委员会等相关管理机构。从国际角度来看，跨国企业承担社会责任的实现方式主要有两大类：董事会决策模式和董事会承担、经理决策模式。

1.董事会决策模式

董事会决策模式是在董事会层面设立专门委员会（一般称为社会责任管理委员会、公共政策与环境委员会、公共事务委员会或公共政策委员会等）负责企业社会责任事项，这些社会责任的专门委员会对与公司相关的公共政策、法律、健康、安全和环境等事项，负有评估和提出相关建议的责任。一般来说，在石油、化工、医药等在生产过程中可能会对环境和社会产生影响的行业中的企业，经常采用董事会决策模式，譬如美国铝业公司、加拿大铝业公司、雪佛龙公司、英国石油公司（BP）、壳牌石油公司、英美烟草集团等行业巨头，都采取专门设立董事会下属委员会的方式负责企业社会责任事项。

2.董事会承担、经理决策模式

更多的跨国企业采用的是董事会承担、经理决策模式。在董事会的职能中明确董事会要承担企业社会责任；在操作上，授权给公司的管理层负责相关事项。

除了设立专门委员会以执行企业社会责任，董事会还有一种常见的授权方式是将企业社会责任授权给CEO，由其负责，而不在董事会的结构中体现。在实践中，相当多的公司采用这种模式。在《财富》杂志评选的十佳"企业社会责任"公司中排行第七的迪士尼公司，在其《公司治理指引》中，专设"社会责任"一章，强调公司对社会和股东都负有责任，公司管理层应该向董事会递交年度报告，总结公司为了履行社会责任而做出的政策、行动和捐献活动，报告公司为了社会责任而做的努力以及所取得的成效。

（三）建立企业社会责任内部管理体系

履行社会责任的关键在于把责任和要求融入企业运营的全过程，对各项业务进行持续系统的改进。只有真正地将社会责任理念落实到每项工作、每个岗位和每位员工中，使其成为生产经营活动的有机组成部分，并成为全体员工的信念、素质和自觉行动，才能组织化、制度化和常态化地开展社会责任工作，取得实效。

1.建立社会责任管理组织网络

企业应在企业社会责任最高治理机构（譬如，董事会中的社会责任委员会或总经理领导的社会责任委员会）的领导下，在企业内部建立覆盖各经营单位、各职能部门的社会责任管理组织网络，任命责任人，并明确规定其职能、职责和权限，依次来督导企业社会责任的实践，并向高层报告和提出改进意见，确保企业社会责任战略顺利落地，持续改进。

2.制定社会责任保障政策

企业的社会责任管理要落到实处，还需要制定各种保障政策，如人力资源政策、财务政策、内部沟通政策等，只有这样，才能将企业的社会责任价值观和战略传达到每个部门、每个岗位和每位员工，使社会责任管理到位、到人。

3.培训员工，传达责任政策，增强责任意识，普及责任知识，规范责任行为

企业社会责任管理首先必须提升的是员工的责任意识。因此，企业要设立严密的社会责任培训计划，定期培训在职员工，并及时培训新进的和临时雇用的员工，保证他们能够践行企业的责任价值观，理解企业的社会责任政策，增强员工的责任意识，并以此规范行为。

4.对企业运营流程进行全方位的社会责任管理

企业应该对企业生产经营的全过程进行全方位的社会责任管理，认真检查产品的研发、采购、生产、销售、使用和回收全过程，梳理每一款产品的生命周期，不留死角，使社会责任与生产运营严密地整合在一起，并将社会责任真正地落到每一环节、每一岗位。

5.建立沟通机制，吸收利益相关方的意见及建议

社会责任管理持续改善过程中需要高度关注利益相关方的意见和建议。国有企业应建立与员工及其他利益相关方的沟通机制，拓宽渠道，收集利益相关方的意见及建议，建立反馈机制，促进企业更好地履行社会责任。

6.内部审核评估，持续改进

企业应对企业社会责任管理工作进行内部审核评估，并向管理者报告审核结果，对违反社会责任政策的行动及时进行纠正，对违反后果予以及时补救。

（四）加强社会责任沟通

沟通是企业社会责任实施过程中很重要的一个工具，它能够确保所有的发展阶段是围绕企业组织团体和服务流程来进行的，而不是仅仅停留在核心团队和工作小组。国有企业社会责任战略的有效实施必须依赖有效的社会责任沟通机制，以确保企业中的每一个员工和供应链中的每一个环节都认识到承担社会责任的重要性和企业社会责任战略目标、框架要点和实施步骤。

1.加强企业责任沟通，进而提升企业品牌，降低交易成本

企业与外部利益相关方的沟通非常重要，它是企业与所有利益相关方之间达成共识，建立共同标准，相互认同价值观的重要手段。例如，诺维信公司对外部沟通的重要性就有深刻的认识，在欧盟举行的企业可持续发展展览上，最先来关注诺维信展台的是它最大的客户宝洁公司。宝洁公司自身就有一以贯之的环境社会标准，因此他们也非常关注他们的供应商是否具有同样的价值观，是否执行同样的标准，更准确地说是考查诺维信是否在使用同样的商业语言。商业语言的认同带来的是商业品牌的认同和商业伙伴关系的牢不可破，由此带来的是品牌的价值提升和交易成本的大幅降低。交流同时也是学习和进步的源泉。

企业应按计划对企业社会责任管理的工作方式和成果进行外部意见沟通。管理层应根据内部审核和外部沟通的结果，与由利益相关方代表组成的团队交流企业社会责任计划的实施绩效，做出持续改进的承诺，并按规范保存沟通记录。沟通的主要内容应包括：其一，企业社会责任管理政策的发展变化；其二，责任目标和指标的实现程度；其三，纠正和预防措施的实施状况。

2.积极发布社会责任报告，创新沟通形式

目前企业对外社会责任沟通最为普遍和有效的做法就是发布可持续发展报告和社会责任报告。发布社会责任报告是一个较为复杂的系统工作，需要做细致的准备工作。企业在编制社会责任报告的过程中需要遵循如下基本原则：

（1）界定报告内容应遵循的原则

社会责任内容广泛，但并非所有的内容都需要进入报告范畴，企业在选择具体内容时应遵循关键性、利益相关方参与和完整性等3个原则。其中，关键性原则是指报告信息应涵盖能反映企业对经济、环境及社会有重大影响，或是对利益相关方的判断及决定有重要影响的项目及指标；利益相关方参与原则是指企业应明晰谁是企业的利益相关方，所报告的内容应能说明企业如何回应他们的合理期望；完整性原则是指报告应全方位地反映整个运营期内企业对经济、环境和社会的重大影响。

（2）确保报告质量应遵循的原则

要确保企业社会责任报告的质量，企业在编制报告的过程中应遵循中立性、可比性、准确性、清晰性、可靠性等原则。其中，中立性原则，即报告不能只讲成绩，不讲缺失和问题，应客观反映企业正、负两方面的绩效；可比性原则，即报告应连续不间断，内容符合国际惯例，报告形式前后一致，便于纵向比较和横向比较；准确性原则，即报告信息应准确、详尽；清晰性原则，即信息表达应逻辑清晰，便于理解，方便利益相关方使用；可靠性原则，即信息获取过程可追溯，信息质量有保证。

3.加强企业诚信建设

企业诚信建设是一项长期的、复杂的社会工程。企业诚信体系建设的成败，不仅关系到一个企业的生存发展，而且关系到整个市场体系的正常秩序和运行效率，决定了市场机制配置资源的基础性作用，甚至会影响到社会法律体系和道德体系的有效运转。推动企业诚信建设，强化企业的诚信意识，建立诚实守信的企业文化，促进企业加强自身的信用管理是维护社会主义市场经济秩序的一项重要任务。

二、完善企业履行社会责任及推动绩效评价的外部机制

（一）影响企业社会责任实现的外部因素

影响企业社会责任实现的外部因素有很多，目前对其产生基础性影响的主要有3个方面：一是经济全球化。在经济全球化的大背景下，企业社会责任的思想与实践在全球范围内展开，企业的生产经营决策无疑要顺应大趋势的发展需要。二是市场机制。企业社会责任作为市场经济的产物，离不开市场需求和供给双方的影响。三是政府管制。政府为了应对市场失灵，营造公平、有序的竞争环境，确保经济有效运行，必须建立一定的规则，来规范市场及企业的行为，实现社会利益最大化。

1.经济全球化的约束

（1）经济全球化对我国企业的影响

经济全球化是指世界经济活动超越国界，在全球范围内通过对外贸易、资本流动、技术转移和服务提供形成相互依存、相互联系的有机经济整体，它涵盖了贸易、投资、金融、生产等活动的全球化，也即是实现生产要素在全球范围内最优配置的过程。在这场经济全球化的变革中，包括中国在内的第三世界国家深受影响。一方面，经济全球化加速了我国各种生产要素的优化配置，为我国充分利用国内外资源，促进国内企业技术进步和产业升级提供了条件。这在客观上有利于我国企业积极参与国内外竞争，开拓多元化的国际市场；另一方面，经济全球化也对我国企业产生了深远的消极影响，表现在：其一，使我国企业面临不平等的国际竞争环境。西方发达国家作为资本和先进技术的主要拥有者，主导着国际经济秩序和规则的制定。这对我国企业参与国际竞争是极为不利的；其二，使我国企业的生存环境严重恶化。发达国家将劳动、资源密集型以及污染环境的产业向国内转移，使我国自然资源过度耗费，生态平衡遭到严重破坏，这将严重制约我国企业的可持续发展；其三，使我国企业的高素质人才严重流失。跨国公司进入中国市场后，其推行的雇员本地化战略，吸引了我国大批高科技人才外流，严重制约着国内企业的发展。

（2）国际生产守则的约束及其考验

国际生产守则（国际生产行为守则）是由跨国公司提倡的一种关于企业生产伦理标准的正式声明，跨国公司要求所有与其相关的贸易伙伴和供货商都必须采纳这套标准。在经济全球化的大背景下，特别是20世纪90年代以来，跨国公司的迅速发展，推动了经济全球化、一体化的进程，但随之而来的环境保护、劳工和消费者权益等问题也层出不穷。企业社会责任开始被关注，生产守则运动正是与

企业社会责任运动相伴而生。

在国际人权组织等非政府组织和消费者的压力下，许多全球知名企业相继建立了自己的生产守则。这种跨国公司自己制定的生产守则有着明显的商业目的，而且其实施状况也无法得到社会的监督。在一些国际非政府组织的推动下，生产守则由跨国公司自我约束的"内部生产守则"逐步转变为社会约束的"外部生产守则"。2003年，世界银行的一项统计表明，目前全球关于劳权、人权以及环保的企业生产守则已达1000项。其中比较著名的有：SA 8000、ISO 26000、ICTI国际玩具商协会守则、WRAP环球服装社会责任守则、ETI道德贸易行动守则、FLA公平劳工社会守则、CCC洁净成衣运动生产守则、《跨国公司行为准则》（*Guidelines for Multinational Enterprises*）、《联合国全球契约》（*United Nations Global Compact*）等。

国际生产守则的出现是经济全球化加深发展的结果和体现，其实质内容就是要求企业在生产和销售过程中承担各种相关的社会责任。因此，国际生产行为守则又构成目前风行全球的企业社会责任运动的一部分。国际生产行为守则对包括国企在内的中国企业提出了多方面的挑战：第一，能否及时转变企业发展战略，注重生产经营行为的生态效益；第二，能否真正确立"以人为本"的企业文化价值取向；第三，能否搞好企业人才的培育和开发；第四，能否实际关注其他利益相关者的利益，尽快提高社会信誉。总之，面对国际生产行为守则的现实考验，中国企业尤其是国有企业如果不采取措施积极应对，尽快优化其治理体制，增强其生产经营行为的社会责任价值取向，其可持续发展必将受到严重制约。

2.市场机制的约束

市场经济通过自由竞争，由"无形的手"自动调节市场资源配置，从而达到资源最优配置，但有时也会出现市场失灵，且市场经济本身具有滞后性，此时就需要企业具有社会责任意识，积极承担社会责任，消除或减少市场失灵或滞后带来的负面影响。

（1）企业社会责任供求机制

企业社会责任作为市场经济的产物，离不开市场需求和供给双方的影响。企业社会责任其实就是企业对各利益相关者的责任，并且根据利益相关者理论可以明确企业社会责任的需求主体和企业社会责任的供给对象。企业各利益相关者的权利及维护是企业社会责任存在的基础。就企业与其他利益相关者而言，企业社会责任其实就是企业对各利益相关者的责任。企业的生产经营行为常常对利益相关者的合法权益造成损失，而在各利益相关者心理能够忍受的范围内，利益相关者不会提出制度维权需求；随着利益相关者维权知识的增加和维权意识的提高，以及企业的各种损害行为频繁发生和累计损害程度放大，以致超过了各利益相者的心理承受极限，这时，他们就会产生制度供给需求，从而要求企业承担社会责任。

与制度需求相对应的是制度供给一方。只有各利益相关者对企业社会责任的需求，而没有企业以及企业管理者对企业社会责任主动、积极的供给，企业社会责任是不可能出现和存在的。在市场经济条件下，企业为了获取更大的利益，主动或被动提供或承担社会责任，于是，企业社会责任便成为社会现实。在不同历史时期，在不同国家，不同规模和性质的企业，由于企业社会责任的需求主体不同，各需求主体权力的大小、多少和需求强烈程度的不同，导致了企业供给社会责任的不同态度：或积极主动，或消极被动。企业承担社会责任的范围、数量和种类主要依赖于成本—收益分析的预期或实际结果。成本是企业进行经济决策时需要考虑的重要因素，影响企业决策的成本是机会成本，投入企业社会责任的成本就是机会成本。企业提供社会责任给企业各利益相关者，需要发生各种成本。例如，支付环境污染的费用、用于社会公益和慈善活动等方面的费用等。当承担社会责任的预期收益大于预期成本时，企业才会自觉、主动地承担社会责任。首先，企业承担利益相关者责任既可避免与利益相关者摩擦所造成的损失，增强企业内部员工的凝聚力和工作热情，又可提升企业形象，进而有利于企业实现长期利益。同样，和谐的工作氛围能使企业创造出更好的生活质量和更令人向往的团体。而创造出和谐的工作氛围也需要企业承担一定的社会责任。

乔治·斯蒂纳和约翰·斯蒂纳认为，一个企业的盈利是企业承担自愿社会责任的前提条件，一个企业盈利越多，承担的社会责任就越多。利润是社会责任产生的前提，相反，一个正处于经营困难时期的企业有可能削减它的社会项目。其次，企业积极承担利益相关者责任可避免政府法规的牵制，防止企业因其活动受到管制而丧失盈利机会。企业承担社会责任是为了能够在经营活动中节约交易成本，企业不承担社会责任也是为了节约交易成本。企业社会责任的供给是基于成本—收益分析，预期收益大于预期成本的理性行为结果。当企业承担社会责任的机会成本大于预期收益时，企业通常不愿意主动承担社会责任；反之，企业会积极主动地承担社会责任。比如，企业对职工承担社会责任，会增强企业职工的凝聚力和工作热情，有利于企业实现长远利益。企业热心社会公益，向弱势群体提供捐助，可以改善企业形象，为企业创造潜在的客户。可见，企业承担社会责任是为了在经营活动中节约交易成本，企业不承担社会责任也是为了节约交易成本。企业社会责任的供给是基于对企业行为成本—效益分析的结果。另外，企业社会责任的供求规律还受到企业所处的制度环境的影响，在民主法制比较健全的社会，由于公民的自由、民主权利得到较为充分的保护，企业社会责任的需求主体不但人数众多，而且实力强大，企业通常更为积极主动地承担各种应尽的社会责任。

（2）企业社会责任的竞争机制

企业社会责任的竞争机制源于市场竞争的充分和企业的趋利动机。一方面，在竞争激烈的市场上，企业要想取得竞争优势，会尝试各种可能的手段和途径增强其竞争力。为了维持客户或创造更大的客户群，企业必须保持良好的信誉和社会形象，而主动承担一定的企业社会责任正好提供了这方面的价值。如果某企业采用这种方式并取得成效，示范效应会使得其他企业也采取类似或相同方法赢得竞争。竞争越激烈，愿意承担社会责任的企业就越多。当竞争达到均衡状态时，社会责任的盈利功能下降，企业便会寻找新的手段继续新的竞争。但是，当一些企业退出社会责任承担的竞争市场时，他们的企业形象将因为丧失客户或潜在的客户而受损，市场份额便会下滑，于是又出现新的竞争失衡，企业社会责任便又重新受到追捧。另一方面，由于社会或者消费者的维权需求是持续的，以承担社会责任作为维持企业生存和发展的手段将永远是企业的良好选择。除非这个社会的政府没有为人们提供自由选择的机会，而总是存在一些黑手垄断着这个社会的市场。所以，企业社会责任的存在状况取决于一个国家市场的特色是垄断还是自由竞争。企业社会责任作为市场经济的产物，必然受到市场机制的调节。虽然企业社会责任本质上不是普通意义的商品，但是从新制度经济学的视角来看，企业社会责任作为一种制度安排，具有制度供求的特征，也受市场供求机制和竞争机制的支配。

市场经济通过自由竞争，由"无形的手"自动调节市场资源配置，从而达到资源最优配置，但有时会出现市场失灵，且市场经济本身具有滞后性，此时就需要企业具有社会责任意识，积极承担社会责任，消除或减少市场失灵或滞后带来的负面影响。市场经济决定了企业性质既是"经济人"又是"社会人"，要求企业在遵守法律法规、追求利益最大化的基础上，不能忽略企业作为"社会人"的职责。作为社会的一员，企业考虑自身发展目标的同时兼顾社会长远利益，将社会责任意识和行动融入企业日常和长远发展计划中去，充分认识承担社会责任的重要性。社会为企业提供经营和发展环境，一味只向社会索取资源不懂回报的企业只会让自身陷入孤立无援的境地。

3.政府管制的约束

政府为了应对市场失灵，营造公平、有序的竞争环境，确保经济有效运行，需要建立一定规则来规范市场及企业的行为，实现社会福利最大化。国际上各个国家都有政府管制，一般以法律法规的形式存在，是企业履行社会责任的依据和基准线。国际方面，政府管制体现在国际协议上，一般是多个国家共同认可的一些协议，这些协议规定企业对环境、社会发展等负有的责任，对企业行为产生以一定约束。国内方面，我国已出台一系列与企业相关的法律法规，如《中华人民共和国公司法》《中华人民共和国劳动法》《中华人民共和国环境保护法》等，这些法律法规是企业生产经营活动的底线，必须遵守，否则将受到法律制裁。此外，行业协会也是一个推动企业承担社会责任的重要力量，这在发达国家表现得尤为明显。行业协会介于政府与企业之间，为企业与企业、企业与政府之间架起一道沟通的桥梁，协调企业之间的关系，及时向政府表达该行业、企业意见，同时将政府的声音传递到行业内的企业中去，一些国家把行业协会作为推动企业履行社会责任的重要渠道，如芬兰的劳工协会、中国的纺织工业协会等，它们在推动企业积极承担社会责任方面起到了积极作用。

（二）企业社会责任实现的软约束规则建设

所谓软约束规则，这里是指对企业是否主动承担社会责任没有直接强制约束力，但会对企业承担社会责任的选择行为产生一定实际影响的市场调控方式、方法和手段等制度性实体规范和程序规范的总称。其主要是运用经济和政策杠杆，如通过财政税收、信贷支持、市场准入、用地保障、政府采购等多种措施对企业履行社会责任进行有效的激励和约束。政府通过加强监督管理，如建立企业社会责任会计制度，推行社会责任审计，加强社会责任评价等多种方式，督促企业积极履行社会责任。

1.我国税收制度的激励与约束机制建构

（1）税收机制调整与企业社会责任实现

我国的税收机制主要由3个部分组成：正式约束机制、非正式约束机制和税收征管体制。所谓正式约束机制，是指一定国家的主管机关根据国家经济和社会发展需要所创制的一系列税收法律和规则构成的有机统一体，它是一国税收制度的主要构成部分。从构成要素看，税收的正式约束机制由3个基本要素和一系列辅助要素构成。3个基本要素即纳税人、征税对象和税率。辅助要素包括纳税环节、纳税期限和税收减免等。所谓非正式约束机制，是指人们在社会实践中长期形成的有关税收的意识形态、伦理观念、风俗习惯、税收文化等蕴含着一定价值取向的心理因素和文化知识等要素的总称。其中，意识形态处于核心地位。在正式约束机制和非正式约束机制的关系中，非正式约束机制的各构成要素都是税收正式约束机制相关规范和程序的形成基础，而正式约束机制则反过来会影响和推动非正式约束机制各要素的发展和完善。所谓税收征管体制，是指国家税务机关依法征税的一系列程序性要素和环节的总和，它是前两个税收约束机制得以实现的组织保障体制。离开了税收征管体制，国家的税收制度的功能将难以真正实现。

从我国目前的税收机制运行的状况看，通过税收机制规范和调节企业社会责任的承担主要有两条途径。一是通过正式约束机制加以实现。现行税收制度的法律规定属于国家规定的正式约束，是税收具体征纳行为的法律规范。第一，对于高能耗、重污染的企业按照能耗标准和污染等级标准实行累进税率，对于低能耗、无污染或专门从事环保的企业，可以实行投资优惠退税或给予政府财政补贴。第二，对于主动承担社会责任的企业，按照其承担的数额给予法定的减免税措施。例如，对于环境资源税和排污税，可以根据我国国民经济发展的水平适当提高税率标准；对于从事资助弱势群体、关心社区建设等公益事业的行为，可以依法大幅度减免所得税和赠予税或延长纳税期限。二是通过非正式约束机制加以实现。税收制度的非正式约束是指人们在长期的社会经济发展中形成的关于税收的价值观念、道德规范、纳税意识和行为习惯等。它表明一定时期人们对税收的认识程度，是影响人们税收行为选择的重要因素，也决定着人们在一定时期对税法的遵从心理和遵从程度。在税制改革过程中，各级税收征管部门应当在深入分析研究的基础上大胆移植西方发达国家先进的成功经验和税收文化因素，对所有企业和广大公民进行耐心细致的宣传教育工作，培养和弘扬先进的税收文化。同时结合树立正面形象、批评反面形象，并将正反面形象的评价纳入企业信誉档案，作为对企业进行减免税的根据。

（2）构建绿色税收体系

①绿色税收的概念。在国际上，绿色税收也称环境税收，是指对投资于防治污染或环境保护的纳税人给予的税收减免，或对污染行业和污染物的使用所征收的税。开征绿色税收是建立环境保护长效机制的重要内容。

从目前世界各国的税收实践看，具体开征的环境税包括3种类型：以污染物排放量为标准而征的排污税；对商品或服务课征的原料税；为保护环境，筹集资金而征的专项税。绿色税收是国家在资源、环境、生态管理中所运用的重要的经济激励与约束机制。随着我国经济的进一步发展，资源和环境问题日益突出，建立与完善绿色税收制度，充分发挥税收的杠杆调节作用，对构建和谐社会，实现可持续发展显得尤为重要。

我国现有税收制度中具有绿色性质的税种主要有资源税、城市维护建设税、城镇土地使用税、车船使用税、车辆购置税、耕地占用税、消费税、增值税和所得税等。

②绿色税收的效应。第一，绿色税收的"双重红利"效应。"双重红利"观点最早是由大卫·皮尔斯（David Pearce）正式提出，很快就引起了学术界的广泛关注，这些研究认为，绿色税收可以通过降低污染活动而提高社会福利，而且可以降低税收系统对收入、销售或者其他扭曲税种的依赖，从而优化税收结构。一般认为，绿色税收具有"双重红利"：一是绿色税收的实施可以改善环境，提高生态环境的质量；二是通过开征绿色税收，在合理税负水平下，适当地减少扭曲性税

收，提高税制效率。第二，绿色税收的贸易收益效应。从短期来看，绿色税收的征收可能会增加出口产品的生产成本，为了获取适当的利润，可能会提高产品的售价，然而，价格的提升有可能降低出口产品在国际市场上的竞争力，从而导致出口企业的利益受到损失。但是从长期来看，绿色税收的开征将会促进企业加大创新投入，研发绿色技术，进行绿色生产，提升自主创新能力。绿色税收的长期实施必将提高本国产品的质量，提高产品的绿色化程度，这将有助于冲破国际绿色贸易壁垒。此外，绿色税收的长期实施必然导致生态环境的改善，良好的生态环境将促进国际投资和国际旅游等，这将促进经济的健康发展。第三，绿色税收的产业结构优化升级效应。从国内市场来说，征收绿色税收增加了企业的成本，降低了企业国际市场竞争力，短期内会使得企业的产量减少。但是从长期来看，降低产量显然不能使企业在竞争中获胜，不利于企业的长远战略，为了使企业在绿色税收下更具竞争力，企业必然会提高生产效率，走自主创新道路，降低企业的税负。企业要走自主创新之路，就会加大对绿色生产技术、绿色生产设备的研发投入，绿色生产设备和绿色生产技术的提升必然带来既有产品的绿色升级和绿色产品的开发。从整体来看，绿色税制的完善将促进企业走自主创新道路，从而带动产业结构优化升级。第四，绿色税收的财政收入效应。税收是我国财政收入的主要来源，税收的主要目的就是增加政府的财政收入。绿色税收作为税收的一部分，具有税收的财政收入功能。相对于产业政策等经济手段来说，绿色税收的突出优势是具有财政收入效应。绿色税收不仅能够调节经济、促进资源环境保护和促进经济发展方式转变，还能将税收收入用于改善环境、增加政府开支和减少不合理的收入，提升政府在国民经济发展过程中的调控能力。第五，绿色税收的收入分配效应。在税收体系中具有流转性质的税种可以将其税负进行转嫁，而绿色税收体系中大部分绿色税种具有流转的特性，可以将税负进行转嫁。绿色税收最终将转嫁给最终消费者，环境污染的外部性成本最终由消费者承担，体现了"谁消费谁负担"的原则，促进环境资源的合理分配，使收入分配更加公平。第六，绿色税收制度的环保效应。绿色税收制度作为国家引导行为主体向建设资源节约、环境友好型方式转变的有力举措，对于我国经济的可持续发展具有重要的指引作用。通过对符合国家产业发展规划的行为进行正向激励，如进行减免税政策；对国家限制或禁止的行为进行反向激励，如对其进行征收税费，共同促进行为主体向健康的经济方式转变。节能环保是绿色税收政策实施的一个主要目标，通过征税可以引导企业和消费者的决策，促使社会资源向节能环保的领域流动，从而起到保护资源和环境的目的。

③我国绿色税收体系现状。我国尚未形成绿色税收体系。在国际上，很多发达国家不仅从收入型的税收制度转向了环保型的税收制度，而且还构建了完善的

绿色税收体系。我国绿色税制的构建起步较晚，且绿色税收具有零散性、暂时性和孤立性等特点，各绿色税种之间缺乏系统性和协调性，没有形成绿色税收体系。第一，缺少专门的环境资源保护税种。环境保护税可以定义为对一切开发、利用环境资源的经济主体，按照其对资源的开发、利用和对环境污染的程度进行征收或减免的一种税收。在我国现行的绿色税种中没有专门以资源环境保护为目的的环境税，我国治理环境污染的经济手段主要是对超过污染排放标准的企业征收排污费，这就限制了税收在资源环境保护方面的功能。设立开征环境保护税，不仅可以提高公众的环境保护意识，强化人们的绿色消费理念，而且能运用税收调节手段引导可持续生产经营行为的形成和运行，有利于促进企业控制污染、合理利用资源，积极开发和使用环保产品和环保技术。同时也有利于设置绿色壁垒提高环境污染产品或技术的输入成本，达到保护国内环境的目的。第二，税制的绿色化程度较低。我国资源环境状况较差且不断恶化，现行税制中与资源和生态环境保护相关的税种主要有资源税、消费税、耕地占用税、城市维护建设税、车船使用税等，这几项税收总额仅占国家税收总收入的13%左右，我国税制的绿色化水平较低。第三，各绿色税种之间难以形成合力。我国有关资源环境保护的税收政策不仅少，而且处于分散状态，相互之间缺乏有效的协调，难以形成对资源环境保护的合力，难以充分发挥绿色税收政策的资源环境保护功效。第四，现行税种在环保方面的调节能力有限。现有绿色税种规定不健全，如现行绿色税种存在数目较少、税率过低、税率档次过少和缺乏法治与规范等问题，没有体现公平税负原则且经常发生地方政府干预税收执法的情况。比如资源税，其征税范围尚未涉及如土地资源、水资源、海洋资源、动植物资源等大部分自然资源；企业已开采但未销售或未使用的也不征收；单位税额也偏低。又如城建税，本来与环境保护和生态补偿关系紧密，但现行城建税独立性不强，明显依附于"三税"，同时外商投资企业和外国企业及个人也没有纳入其中。这不仅造成税负不公，也容易导致一些境外高污染生产基地内迁。此外，目前和环境保护密切相关的其他税种也或多或少地存在类似的问题，如消费税、车船使用税、土地使用税、耕地占用税等。第五，绿色税收优惠政策形式单一。我国现行税制中涉及绿色产业的税收优惠项目主要是增值税和所得税的减免。但其税收政策不仅优惠空间较小且优惠的方式也比较单一。在国际上，绿色税收优惠空间较大且优惠形式多种多样，如美国的绿色税收优惠和减免形式，除了"直接税收减免、投资税收抵免"，还包括"直接进行现金补贴、加速折旧"等。与国际绿色税收优惠政策相比，我国绿色税收政策优惠形式比较少且不够灵活，绿色税收政策尚未形成系统体系，其导向作用不明显。

④构建绿色税收体系之设想。第一，加快推进环境税开征。随着我国产业结

构调整步伐的加快以及国际舆论对我国节能减排压力的加大，环境税出台的时机、背景和内外部环境已经成熟。国家相关部门应尽快按照"谁污染，谁缴税"的原则，适时推进环境税开征。设置开征环境税对构建我国绿色税收体系意义重大，它能将市场主体的环境污染成本消化到市场价格之中，提高环境污染成本，即把成本变成税率，最终实现环境保护、节能减排等目的。在推进环境税开征过程中，应积极借鉴西方发达国家的优秀经验。其一，细化绿色环保税种。从外部经验来看，绿色环保税种呈现出"专业化、细分化"的趋势，为了促进生态与环保，荷兰特别出台了燃料税、水污染税、废气税、噪音税、固体废物税、垃圾税、土壤保护税、石油产品税等。美国将绿色环保划分为燃油税（汽油、柴油）、能源税（煤炭税、开采税）、生活环境污染税（一次性用品税、化学品消费税、垃圾控制税和垃圾税、氯氟烃税）。其二，扩大课税范围。从美国、荷兰等发达国家的绿色税收体系构建做法可以看出，这些环境保护税的课征范围包括了"直接污染环境的行为"和"在消费过程中造成环境污染的产品"。因此，我国环境保护税也要扩大范围，不但要包括企业，也要包括个人。其三，税率制定方面，应以定额税率为主，兼顾差别比例税、累进税额等。将传统"按价收税"转为"按量收税"，以企业或个人污染物排放量、资源消耗量为征税标准。其四，环境保护税征收过程中，应进一步下放征税权限，将环境保护税作为中央与地方的"共享税"。由国税部门进行征收，征收后按一定比例返还地方。国家层面将资金用于生态环境治理的统筹、规划，地方层面将资金用于污染源、高能耗治理。第二，调整和完善现行资源税。税收政策应有利于提高资源的利用效率，促进资源的综合开采和二次利用。首先，调整资源税等相关税收：一是扩大资源税的征收范围和对象，除了对原有的矿产品征税，还应该将土地、森林、水资源等纳入税收征管范围；二是将现行的矿产资源补偿费等行政性收费并入资源税，进行有机整合。其次，将原有的资源税征收标准适当提高。企业资源税负提高之后，通过价格和成本传导机制，才能变相地激励企业合理开发和利用自然资源，减少污染和浪费，提高资源的利用率。最后，有步骤地推进中国矿业税费改革。要全面实行探矿权、采矿权有偿取得制度，建立矿山环境修复保证金制度，建立健全资源耗竭补贴和生态补偿机制。第三，健全我国绿色税收优惠政策。在完善现有税制的过程当中，还要引入税收优惠政策，加大对环保、绿色产业的税收优惠力度，发挥其对生态环境的补偿作用。一是健全环境保护和资源节约领域内的减免税制度，如运用零税率、税收抵免等政策鼓励企业开展环保以及风能、太阳能和地热能等新能源领域里的研发活动。通过减税、免税、抵税、税后退回等方式促进环境保护和可持续发展。比如，建立我国的生态补偿机制，对环保投资允许退税。二是完善低耗、高效产品的税前抵扣及环保、节能设备加速折旧方法，鼓励企业从事"绿色"生产和

"绿色"投资。对企业开发利用可再生能源给予减免税；有条件的实行研发费用税前抵扣；对企业引进的绿色技术实行税收优惠；允许绿色设备加速折旧等。鼓励企业增加绿色产业投资，转变发展模式，使其生产符合可持续发展的要求。三是为了既充分发挥税收优惠在环保领域的调节作用，又防止税收优惠的无效投入，需要认真梳理和分析现行税制法令条款，确定税收优惠的范围、内容，对各种优惠项目进行归类并在此基础上建立预算控制体系。第四，完善"绿色"关税制度。运用税收手段构筑绿色壁垒是国际上特别是发达国家为保护本国生态环境才去的普遍的做法，我国也应参照国际惯例在关税中加入"绿色"条款（如差别税率条款、特别关税条款、反倾销条款等）。以较高的进口关税税率，控制污染性原材料、产品、技术和技术的进口。以优惠税率降低环保产品和环保技术的进口门槛。通过出口关税限制包括原材料、初级产品和半成品在内的不可再生资源的外流。此外，可运用附加税的形式，或限制或禁止某些污染环境、影响生态环境的产品进入我国境内。"绿色壁垒"不仅能防止境外"污染产业转嫁"，还可以鼓励国内企业进行技术改造，实现产业升级，也有利于改善我国的进出口结构。第五，建立生态环境保护基金管理机制。按照税收"取之于民，用之于民"的法治原则，加快生态环境保护税立法，开征生态环境保护税、水资源税，完善生态环境保护清洁产品税制，通过建立完善生态保护环境税收政策，为生态环境保护积累基金。对生态环境保护基金的使用要加强监督，完善监管法律制度，使生态环境保护基金的使用法制化、规范化，真正实现生态环境保护税"取之于民，用之于民"的社会效益。第六，完善排污收费制度，并逐步将其纳入税制改革轨道。应全面改革我国的排污收费制度，全面规定付费主体，健全收费项目；进一步提高排污费征收标准；将环保部门征收的排污费全部纳入政府预算管理，成立环保专项基金，实行专款专用。但是，鉴于税收具有强制性、固定性、无偿性的特征，比排污收费更具有约束力，而且税收由税务机关统一征收，征收成本也比较低，同时环境保护税收入将作为财政的专项支出，有严格的预算约束，可以保障宝贵的环保资金的使用效率。因此，在排污等领域实行费改税已势在必行，这将有利于税收政策在促进可持续发展方面发挥更加强大的作用。第七，搞好相关措施的配套工作。首先，做好同步立法工作。实现绿色税制改革的有法可依、有法必依，最终达到依法治税的目的，强化税收征管体系的法制化建设。建议出台一系列新型环保税的暂行条例、实施细则以及稽核条例等法律法规，可以进行专家学者听证，进一步修改完善并付诸实施，在试行期间发现缺陷、弥补不足，逐步提高环保法规的层次，以增强法律约束力。其次，协调好相关政府部门的关系。应规范和调整税务、环保、城管、城建等各部门的关系，调整国税和地税系统在绿色税制建设和征管中的权责利分配。其中，税务部门与环保部门的关系是重点，应该共同促进环保工作的顺利开展，为完善绿色税收体系、巩固执法效果而加强合作。

2.企业社会责任审计机制的建构

（1）企业社会责任审计的概念及理论基础

①企业社会责任审计的概念。随着可持续发展理念和科学发展观的进一步深化，社会公众在关注企业经济效益的同时越来越关注企业的社会效益，对企业履行社会责任情况进行审计的重要性不言而喻。

企业社会责任审计产生于20世纪70年代初期的美国，主要是基于美国社会各界对企业承担社会责任理论的探讨和实践深入发展的结果。企业应当承担社会责任在当时已形成广泛的社会共识，但如何对此进行全方位的监督则是一个新问题，于是，企业社会责任审计的概念进入学者的视野。J. Santocki从审计职能的角度定义，社会责任审计是对一个组织的社会意识进行独立而客观的审查和评价。Gerald Vinten则认为，社会责任审计是对一个公司的评估，用以确保一个组织对其直接或间接为公司决策所影响的广泛的社会责任给予应有的考虑。20世纪80年代中后期，我国审计学界才将"社会责任审计"这一概念引入国内，并加以研究。阳秋林、李东生认为，企业社会责任审计是为了审查和监督企业更好地履行社会责任，以维持人类可持续发展为目标，由专门的审计机构积极、主动地接受政府、社团和社会个人的委托，采用科学合理的方法和手段，对企业所履行的各种社会责任进行有效审计。刘长翠则将社会责任审计定义为，审计组织对企业履行社会责任状况进行独立审查和评价。

审计主体是审计的首要元素，国外学者认为审计主体一般分为两大类：一类是公司外部机构；另一类是公司自身。因此，社会责任审计分为内部审计和外部审计两部分。Johnson指出，美国对公司进行社会责任审计的机构主要有以下几类：第一类是投资基金组织，审计目的是要确保资金的投向，即资金应当投向那些从事有社会责任感的活动和道德水准较高的企业，同时促使企业满足投资者的要求；第二类是社会公共利益监督机构，如环境保护协会、消费者权益保护协会等，审计的目的是为投资者、政策制定者、消费者、雇员等群体更好地决策提供信息；第三类是公司自身进行的社会责任审计，目的是了解自身的责任履行状况。前两类都可归为社会责任外部审计，第三类是社会责任内部审计。

②企业社会责任审计的理论基础。对此问题，国内学者进行了一定程度的探讨，代表性观点主要有利益相关者理论、委托代理理论和产权动因理论等。关于利益相关者理论和委托代理理论，在此不加赘述。利益相关者理论解决了社会责任审计的必要性问题，明确了社会责任审计内容和审计客体，为企业社会责任审计研究提供了理论上的导引与支撑。委托代理理论主要研究委托代理关系产生受托责任，而随着受托责任的动态演进，社会责任审计产生。在企业经营中，委托

人与企业管理者之间存在信息不对称的情况，在市场交易发生的前后有可能引发道德风险和逆向选择，从而导致市场机制运行结果缺乏效率，甚至可能造成市场缺失，因此，审计部门对企业履行社会责任情况进行审计成为必然。

产权动因理论是20世纪60年代以后流行于西方的新制度经济学的一个流派，它主要研究在一定制度框架下产权的界定以及经济秩序运行中的交易费用如何对稀缺的社会资源配置产生影响的问题。这一理论对审计理论的发展产生深远影响。企业是不同产权所有者通过签订联合契约的形式来投入资源、获取收益的一种组织，但契约各方不可能把所有未来可能发生的事件以及相应的对策都写入条款中。所以，对契约而言，监督是隐含其中且是必然的，审计因此有了存在的条件。但是，如果契约各方产权利益仅有共同性或仅有差异性，也不需要进一步审计。只有在契约各方既有共同利益又有利益冲突时，审计工作的进行才是必要与可行的。产权的动因是审计工作存在的基础，而受托的经济责任关系一旦确立，审计就必然产生，这就必然要求审计部门介入，对企业履行社会责任状况进行审计。

（2）企业社会责任审计机制的构建

①在完善企业社会责任立法的前提下，加快企业审计法律法规的立法步伐，完善我国企业审计法律体系。企业社会责任及其审计相关法律法规是企业社会责任审计的基础，要顺利开展企业社会责任审计工作，提高审计质量和效能，就必须尽快建立和完善我国企业社会责任相关法律法规。这样既可以防止企业有意规避法律责任，又可以规范企业社会责任审计工作，从而弥补企业社会责任审计机制的法律漏洞。

②制定社会责任审计准则和标准。审计准则和标准是审计人员对企业社会责任审计所必须遵循的一系列规则、程序和指标体系的总称。它既是审计人员从事企业社会责任审计的行为规范，又是判断企业行为的前提条件和依据。离开企业社会责任审计准则和标准，企业社会责任审计工作将难以有效开展和顺利实施。调动审计署、商务部、生态环境保护部、国资委、证监会和税务总局等国家行政部门之间进行通力合作，成立专门的社会责任标准制定委员会，尽快建立和推行我国企业社会责任审计业务标准。综观各国发展历程，企业社会责任审计的核心问题是审计标准由谁来制定。

③强化企业责任审计相关人员的教育与培训。一是加强对企业领导者的社会责任的教育与培训，使他们树立社会责任审计意识。企业领导者应清楚认识到，企业在履行社会责任过程中会提高企业的知名度，从而间接带来经济增益，而且从企业长远发展来看，及早重视和认真对待社会责任的履行，对企业的可持续发展十分有益。二是加强对审计相关人员的专业培训。与传统审计相比，企业社会责任审计，在审计内容、方法、指标评价、责任界定等方面都具有一定的特殊性，

它不仅要求审计人员熟练掌握财务审计技术和方法，还要求他们拥有相关的社会责任标准以及与社会责任有关的法律法规等方面的知识和技能。三是改革审计职业考试制度。确立全国统一的企业社会责任审计职业资格考试制度，培养高素质审计人员队伍。这方面的经验可以借鉴司法资格考试和注册会计师资格考试。

④组建具有民间性质的企业社会责任审计师事务机构，为利益相关者和投资人的审计服务需要提供组织基础。

⑤建立审计信息的公开披露常规机制，定期公开相关企业的审计信息，为社会公众、相关组织和政府提供决策信息。

3.企业社会责任会计监管机制的建构

（1）企业社会责任会计的概念

企业社会责任会计产生于20世纪60年代末，由David F. Linowes在《企业社会经济》中首次提出，他认为企业社会责任会计意味着会计在社会学、政治学、经济学等社会科学理论领域中的应用。其后又在1973年《会计师》杂志上对上述定义作了进一步修正，认为企业社会责任会计是衡量和分析政府及企业行为对社会公共部门所产生的经济和社会效果，奠定了企业社会责任会计研究的基本框架。Sylilc Mobley认为社会责任会计是整理、衡量分析政府及企业行为所引起的社会和经济结果。常勋在其主编的《国际会计》中提出了社会责任会计是经济活动对社会产生影响的计量和报告。阳秋林认为，社会责任会计作为会计发展的新领域和新分支，是社会责任与会计学的有机结合。它是以会计特有的方法和技术对企业经营活动所带来的社会贡献和损失进行反映和控制。

（2）尽快探究并且形成企业社会责任会计理论结构

企业社会责任会计理论结构应当至少包括以下4个组成部分：企业社会责任会计的会计目标、企业社会责任会计的会计要素、企业社会责任会计的基本假设、企业社会责任会计的核算原则。

①企业社会责任会计的会计目标。企业社会责任会计的会计目标分为基本目标和具体目标。企业社会责任会计的基本目标是提高社会净效益，即通过确认、计量、计算社会责任成本和社会责任收益，实现企业社会净效益最大化。企业社会责任会计的具体目标是提供社会责任信息，目的在于为政府、其他利益相关者和社会公共组织提供决策信息。比如，有关生态环境保护、自然资源开发利用、职工安全健康保障、企业商业信誉、商品质量等方面的信息就是企业社会责任会计披露的具体目标。

②企业社会责任会计的会计要素。企业社会责任会计的会计要素主要包括社会责任资产、社会责任负债、社会责任成本、社会责任净收益。社会责任资产是指现在或将来可以为社会提供相关社会利益的各种资源，它由过去的交易或事项

产生并由其拥有或控制。例如，企业因治理"三废"购买的排污净化设备。社会责任负债是指在未来一段时期将以现金、劳务或其他资产偿付的经济责任，它由过去的交易或事项产生。例如，化工厂因生产化工产品造成的化学污染、附近居民要求企业偿还污染损失等。社会责任损益是社会责任收益与社会责任成本的差值。社会责任收益是企业除自身经营活动外带来的效益。例如，企业开发的水污染处理办法和新技术，其应用后既能提高居民的用水质量，又能拓展劳动力的利用市场。社会责任成本是指企业生产经营活动在某些方面给社会造成的损失或价值损耗。例如，工厂排放有毒的废水、废气，给周围的庄稼种植、畜牧养殖乃至村民人身安全带来的损伤等。社会责任损益若为正值，则说明企业在承担社会责任方面取得了成绩；若为负值，则说明企业在承担社会责任方面还有所欠缺。

③企业社会责任会计的基本假设。企业社会责任会计的基本假设包括会计主体假设、会计分期假设、持续经营假设和货币计量假设。在企业社会责任会计理论下，会计主体应当根据企业的经济权益来确定，以反映财务报表使用者的利益。企业社会责任会计的主体要从政府和企业两方面来考虑。会计分期假设是指假设可以将企业连续不断的经营活动分割为若干较短的时期，据以结算账目和编制报表，从而及时地提供有关财务状况、经营成果的信息。企业社会责任会计要对企业履行社会责任成本支出与收益过程进行科学、合理的分期有一定的难度，因为受益的时间与程度难以确定。这方面需要进一步研究确定。与传统的持续经营要求不同，持续经营假设由于社会责任会计核算系统里包含社会责任资产与社会责任负债，所以，在对社会责任资产与社会责任负债与其他资产与负债进行比较时，应当从严把握企业破产清算的界限。货币计量假设是假设企业的生产经营活动及其成果可以通过货币予以综合反映，其计量模式包括历史成本、现行成本、现行市价、可实现净值，以及未来现金流量的净现值。在企业承担社会责任的情况下，可根据社会责任的性质和类型，将货币计量与其他的计量手段，如劳动量等相结合，采用多种计量单位并存的假设形式。

④企业社会责任会计的核算原则。企业社会责任会计的核算原则除遵循传统企业会计原则外，还应遵循社会性原则、真实性原则、充分披露原则、一致性原则。社会性原则，要求企业站在整个社会的角度而不是企业自身的角度来反映经济活动，对企业进行考评。企业社会责任会计在对企业的经营活动进行计量、核算时，主要以社会净收益最大值为标准，同时兼顾企业的个体经济利益。真实性原则，要求企业应客观、如实地按事物本来面目反映一切会计事项，不得歪曲事实或有主观成分，会计事项应该是可供检验的。社会责任会计反映和披露的企业经营活动信息必须客观、真实。对于一些一时难以确定的因素，应本着诚信的态度和科专业的手段，最大限度地降低误差。充分披露原则，要求社会责任会计必

须采用报告形式全面披露企业的有关社会责任信息，最大限度地降低利益关系人的决策风险。一致性原则，要求行业内各企业之间，对企业社会责任的内容、计量的形式、报表的要素应保持一致，以便各企业之间的相互比较。

（3）制定企业社会责任会计准则

社会责任会计准则是社会责任会计人员依法从事财务监督工作的行为标准。我国现行的企业会计准则体系没有企业社会责任准则，因而信息使用者无法得到有关企业社会责任履行情况的系统信息。因此，有必要制定我国的企业社会责任会计准则。

企业社会责任会计准则应当具有独立性，与企业会计准则处于并行地位。企业社会责任会计准则的结构应该包括企业社会责任会计基本准则和企业社会责任会计具体准则。企业社会责任会计基本准则应涵盖制定依据、适用范围、基本理论、社会责任会计计量方法、社会责任会计信息质量要求等内容。企业社会责任会计具体准则应根据企业社会责任会计的会计要素来制定，这些具体准则主要解决的是会计要素的确认与计量问题。由于社会责任会计要素的特殊性，如果不能或者难以可靠计量确认的，可以用文字加以描述。

（4）稳健推行企业社会责任会计

我国有关企业社会责任会计的研究起步较晚，对于社会责任会计理论方面的研究更是微乎其微，还没有形成完备的理论系统，更谈不上有成熟的经验。由于没有健全的法律法规对社会责任会计的实施进行约束，使得企业社会责任会计的推广应用遇到诸多困难，所以企业社会责任会计的实施不可能一步到位，我们应该从以下3个方面着手，采取循序渐进的方法，稳健地推动企业社会责任会计的实施。一是披露的内容由少到多、由易到难。社会责任会计的计量本身存在诸多困难，所以在披露时可以先对容易取得和计量的项目进行披露；随着社会责任会计实践的不断积累以及计量技术的不断改进，可以适当增加披露的内容。比如，对社会责任会计报表的单独设计，在会计报表中对社会责任履行情况加以反映，等等。二是先自由后统一，先提倡后强制。目前，我国企业社会责任会计的实施在内容上以及会计处理方式、方法上，没有统一的规定和要求，主要是因为社会责任会计在我国企业内部的实施还未完善，缺乏相应的经验指导，对社会责任会计的处理方式、方法还处于探索阶段。鉴于此，可以允许企业先自由选择自己认为适当的内容和方式，经过一段时间的实践，待时机成熟、经验丰富之时，制定统一的要求，在企业强制实施。三是先试点再逐步推广。试点企业可以按照以下标准进行选择：在地域方面，可以选择经济比较发达的地区，具体为经济技术特区、开放城市等，因为这些地区具备履行社会责任会计的经济条件；在行业范围上，可以选择环境污染比较严重的化工行业、资源稀缺的工业生产行业以及食品、医疗行业等，这些行业比较强调企业社会责任行为；在企业特征上，应该选择大型的上市公司，这些企业在企业会计管理工作方面比较健全，会计工作人员的知识能力以及职业道德素质都较高。

第二节　合理构建强制约束

所谓强制约束，这里是指对企业承担社会责任的行为具有强制性手段和效果的外部作用机制。本文主要从企业社会责任标准的构建和我国企业社会责任法制模式建设两方面加以探讨，并提出有关建议。

一、企业社会责任标准的构建

20世纪90年代以来，在国际人权组织等非政府组织和消费者的压力下，许多全球知名企业相继建立了自己的社会责任生产守则。这种跨国公司自己制定的社会责任生产守则有着明显的商业目的，而且其实施状况也无法得到社会的监督。在一些国际非政府组织的推动下，生产守则由跨国公司自我约束的"内部生产守则"逐步转变为社会约束的"外部生产守则"，逐步形成企业社会责任标准体系。企业社会责任标准作为社会责任领域的管理范式，包含对不同利益相关者的诉求保护，包括单项责任标准和综合性责任标准，如ISO 9000质量管理标准、ISO 14000环境管理标准等，属于单项标准；企业生产守则、ISO 26000社会责任指南、SA 8000社会责任标准等属于综合性责任标准。如今已有400多份影响较为广泛的国际、国家、行业、区域、企业等层级社会责任标准，引导企业实施社会责任。其中，最具代表性的是SA 8000和ISO 26000社会责任标准。

（一）SA 8000和ISO 26000社会责任标准介绍

1.SA 8000和ISO 26000社会责任标准的产生

SA 8000全称为社会责任国际标准（Social Accountability 8000 International Standard，SA 8000），于1997年8月由美国经济优先认可委员会根据国际劳工组织、世界人权宣言及联合国儿童权利公约等内容要求制定完成，并于1997年10月公开发布。这是全球第一个企业道德规范标准，是以保护劳动环境和条件、劳工权利等为主要内容的管理标准体系，其宗旨是通过规定企业必须对劳工和社会承担的责任，达到保护劳工基本权益的目的。

ISO 26000标准源于国际经济全球化发展的背景，也是可持续发展阶段性需求的反映。特别是20世纪90年代，全球兴起的跨国公司购并浪潮加快了经济全球化、一体化的进程，但随之而来的环境保护、劳工和消费者权益等问题也层出不穷。2000年国际消费组织发表报告，对跨国公司运营的社会和环境影响以及对员工劳动条件、社会利益等方面的问题做出强烈反应，并提请国际标准化组织（International Standard Organization，ISO）考虑制定社会责任标准。2001年，国际标准化组织理事会批准了其下的消费政策委员会提交的社会责任标准化申请报告。后经近10年的努力，国际标准化组织于2010年11月1日正式对外公开发布"ISO 26000社会责任指南"（简称ISO 26000标准）。ISO 26000系统阐述了社会责任的7项原则、2项基本实践和7项核心主题。其宗旨是帮助国际标准化组织通过改善与社会责任相关的表现，与利益相关方达成相互信任。主要目的是明确社会责任的定义和内涵，统一社会各界对社会责任的理解，为组织履行社会责任提供可参考的指南。

2.SA 8000和ISO 26000社会责任标准的比较分析

（1）认可度和影响力不同。SA 8000标准和ISO 26000标准的推广主体虽然都是非政府机构，但在认可度和影响力等方面两者具有十分显著的差异。SA 8000标准是由美国一家非政府组织"经济优先权委员会"（之后更名为社会责任国际组织Social Accountability International，SAI）发布并且推广的。SA 8000标准推广主体的性质，决定了该标准本身只能是一个普通的商业认证标准，并非获得广泛认可的国际标准。而ISO 26000标准的推广主体是国际标准化组织，它是世界上最大的非政府标准化专门机构，其成员大多为所在国主管标准化工作的政府机构，组织的权威性自然不言而喻。目前国际标准化组织有成员国164个，代表中国参加的机构是国家质量监督检验检疫总局。同时，国际标准化组织章程还规定了其发布的标准需要有75%的成员国投票赞成才能通过，因此所有国际标准化组织发布的标准都被认为是真正意义上的国际标准，在世界范围内得到广泛的认同。2010年9月12日，ISO 26000标准最终稿以93%的赞成票获得通过，由此第一个社会责任国际标准正式诞生。

（2）核心内容不同。SA 8000国际标准内容主要涉及员工劳动保护和人权方面的社会责任规范，其适用主体是企业，而不包括其他类型的组织。从现有的实际应用情况看也确实如此，根据SAI网站截至2012年6月公布的数据，全球共有65个国家的3083家企业获得该认证证书，其中服装、纺织、建筑等劳动密集型行业所获认证企业数排名前列。ISO 26000是以促进社会责任领域的共同理解为目的的指南性文件，适用于所有私有组织、公共组织、公共行业，无论规模大小、业务范围，无论是位于发达国家还是发展中国家。该标准的适用范围不仅包括企业，也包括医院、大学等服务机构，因此明显大于SA 8000标准所界定的范围。

（3）约束力不同。虽然SA 8000和ISO 26000社会责任标准都是国际社会共同遵守的规则，不是强制执行的法律法规。SA 8000标准的目的是为履行主体提供实施社会责任的符合性证明，该符合性证明可用于购买和采购合同或国际贸易规则。SA 8000实际上是一套认证标准，SA 8000各项标准要素都有明确的指标要求，企业实施标准必须通过独立的第三方审核后才能得到认可。企业的表现如果符合SA 8000标准的要求，将被颁发SA 8000标准证书，企业可以根据证书使用的要求，向外界展示其符合性。ISO 26000标准实际上是一个社会责任指南文件。国际标准化组织制定该标准的意图是帮助组织促进可持续发展，鼓励组织不仅要遵守法律，而且要承认遵守法律是组织的一个基本职责，是自身社会责任的重要部分，是一个自愿性国际标准。一切以组织自愿为条件，不存在外部审核的规定。

（4）告知方式不同。SA 8000标准以认证证书的形式告知。SA 8000标准规定，其实施过程与ISO 9000质量管理体系的要求十分相似，包括策划阶段、体系运行阶段、检查和改进阶段、持续改进阶段等4个阶段。实施企业需要编制社会责任管理手册、程序文件、作业指导书，在严格执行上述文件的同时必须保留相应的使用记录。具有资质的认证机构将对企业整个SA 8000标准文件及其执行情况进行检查和评价，一旦认证机构审核通过，企业将获得SA 8000标准认证证书，并按标准规定使用证书。与SA 8000标准以认证证书形式告知的方式不同，ISO 26000标准规定了告知的两种表达方式：一是计划实施ISO 26000标准的组织，标准建议以"组织承认，将ISO 26000用作参考文件，提供社会责任指南"为告知方式；二是已经实施ISO 26000标准的组织，允许以"组织已应用ISO 26000作为指南，将社会责任融入我们的价值和实践中"为告知方式。ISO 26000标准这种自我践行、客观评价、公开告知的模式，真正体现了组织履行社会责任所必备的自律性和透明度，以及利益相关方的信任度，相信这比任何外部第三方的断言或承诺都更具价值。

目前来看，ISO 26000是一个最新颁布的社会责任国际标准，ISO 26000标准本身的制定也参照了联合国全球契约和OECD跨国公司行为准则，其内容体系较为全面，适用范围较为广泛，可以说它是全球CSR制度化建设进程中的一个重要指导性文件。

（二）我国社会责任标准体系建设的对策

联合国及相关的国际组织，以及一些国家的政府、行业组织和企业发布了不同种类的社会责任政策、标准和规范性文件，引导和推动企业或组织开展社会责任建设。欧盟把企业社会责任建设看成实现经济复兴战略的组成部分，英国、德国、瑞典、丹麦和加拿大政府重视政府层面的协调组织和机制建设，通过制定社会责任发展战略和相关的指导性文件，推进企业社会责任建设。我国也应该在战略层面重视社会责任标准体系建设，在战术层面采取积极的应对措施，以实现国际化竞争的优势。

1. 将 ISO 26000 标准纳入我国的社会责任标准体系

为了让国内企业尽早树立起社会责任意识，建立平等的竞争机制，减少和消除贸易壁垒，我国标准化主管部门应该尽快将 ISO 26000 标准纳入我国的标准体系中。将 ISO 26000 标准作为国内社会责任标准指南等同采用，非政府中介组织所属行业协会参照 ISO 26000 标准，加快修订、完善企业道德规范和 CSR 审核标准，使我国社会责任标准能直接与国际标准接轨。

2. 出台与 ISO 26000 标准相配套的管理体系标准和认可认证标准

我国政府应组织专门机构认真研究 ISO 26000 的合理成分，在 ISO 26000 社会责任指南的框架指导下，结合我国国情，开发与之相配套的管理体系标准、认证机构认可标准和企业认证标准，这将有助于改变我国企业在社会责任问题上的被动局面。在国家政策和立法实践中，参照 ISO 26000 及其他国际标准，并结合我国经济、社会文化国情和 CSR 制度化建设现状，开展相应的制定、修订和完善工作。

3. 加大 ISO 26000 标准的宣传和推广力度

政府相关部门应加大对 ISO 26000 社会责任指南、配套的管理体系标准和认可认证标准的宣传和推广力度。借鉴 ISO 9000 质量管理体系实施的成功经验，建立起认证机构外审员和企业内审员的培训考核体系，在完善我国社会责任认证认可制度的基础上，帮助我国企业尽快建立起符合现行法律法规和国际行为规范的社会责任体系，有针对性地开展 CSR 法规制度化建设，健全相关风险预警机制，有效地保护我国企业的根本利益。

4. 积极推进社会责任标准的国际互认工作

由国际标准化组织合格评定委员会倡议设立的国际承认体系，正不断致力于体系认证结果的互认，包括管理体系认证、产品认证、实验室认可和环境评定等多个领域。我国政府相关部门主动利用中国是 ISO 合格评定委员会 62 个成员国的便利条件，以 ISO 26000 标准为平台，积极推动我国社会责任标准认证的国际互认工作。这样既可以降低我国企业在社会责任认证方面的成本投入，也可以降低我国企业在国际贸易中遭受社会责任壁垒冲击的程度。

5. 重点研究 ISO 26000 标准对企业及其他组织影响的关键点

社会各个行业协会应该积极行动起来，认真研究实施 ISO 26000 标准对各自行业所带来的具体影响，并结合本行业实际情况，在弄清本行业现有 CSR 标准与 ISO 26000 标准之间差异性的基础上，积极修订、完善相关行业 CSR 标准和评估制度，并动员和督促各行业企业组织在经营管理活动中采取应对措施。

企业应高度重视实施 ISO 26000 标准所带来的成本、贸易壁垒等多方面的直接影响，同时完善公司治理结构以更好地兼顾各利益相关者的利益，并加强与各利益相关者的沟通，将旨在实现可持续发展的CSR价值观融入企业管理战略目标。成立专门的社会责任管理部门组织实施具体的CSR目标。并通过开展ISO 26000及其他CSR标准培训活动让全体员工熟悉和了解CSR标准体系的内容、宗旨、基本原则和操作程序，进而使企业社会责任内部化管理更加规范和科学。

二、构建企业履行社会责任的法制推进模式

作为外部强制约束的重要工具，法律是具有最严密最权威的力量，因而成为对企业行为最有力的约束。研究表明，制度安排的缺失正是目前制约企业社会责任发展的瓶颈，在缺乏法律规制约束的情况下，企业很容易出现享有社会资源却逃避社会义务的权责不对等现象，而勇于履行社会责任的企业又容易出现承担义务却不能享有权利的社会不公现象，所以企业在履行社会责任问题上缺乏统一认识且难以达成共识，极易诱使企业跨入拒不履行社会责任的行列，此时制度环境导向性功能的发挥就显得至关重要了。目前，亟须建立健全一整套专门针对企业社会责任的立法执法体系。

（一）企业社会责任的立法概况

企业社会责任的理论与实践发端于美、德等西方国家。其中，美国是这方面的先行者。可以说，美国的企业社会责任运动实践为世界范围内的企业社会责任运动奠定了基础。

1.美国企业社会责任立法概况

在企业社会责任的立法方面，美国是通过《公司法》《商业公司法》《同工同酬公约》《最恶劣形式的童工公约》等进行规制。"至20世纪80年代，美国就已经有49个州通过了相关法案，确定表示支持注册公司可以不经过特别的章程条款来发展慈善事业。"但应当注意的是，美国这些州的立法，既不强制公司必须承担社会责任，也不反对公司承担社会责任。1989年《宾夕法尼亚州新公司法议案》更是打破了传统公司法"股东至上"的原则，对公司经理为"利益相关者"负责的行为授予了权力，明显体现出了现代的美国公司法理念的变化。宾夕法尼亚州公司法的改革，不仅改变了本州企业承担社会责任的格局，而且导致美国其他30个州的连锁反应，使其他州也对相关立法做出了变动。

美国企业社会责任运动的重点主要集中于为企业社会活动提供法律依据上，并由此进一步触及企业治理结构、企业管理者地位和责任等方面的法律改革课题。在美国，有关企业的法律体系包括3个部分：第一，公司法律体系，如《公司法典》《商业公司法》；第二，保护利益相关者的法律体系，如《反歧视公约》《同工

同酬公约》《最恶劣形式的童工公约》；第三，社会法律体系，如《经济、社会和文化权利公约》《公司权利和政治权利公约》。这些法律涵盖了企业存续的全过程，在美国遵守这些法律是企业承担社会责任的最低要求。

2.日本企业社会责任法律化的理论与实践

日本对企业社会责任的关注较早，以1956年11月日本经济同友会第九次会议通过的题为《经营者社会责任的自觉与实践》的决议为契机，日本对企业社会责任的关注大大提高，相关讨论也日益增多。该决议认为："企业是一种社会制度，使之得以存续是经营者的第一社会责任，在这当中有必要努力推进企业的现代化，进一步提高生产效率。为此，必须设立企业的基本目标，积极实施改善包括利润、分配、企业组织、人际关系等方面的对策。"

日本2004年重新修订的《公司法》规定，把更有效地使用企业拥有的物的资源和人的资源、提高企业价值作为日本企业发展的目标。新《公司法》所界定的企业价值，不仅包含有形的财务价值，而且包含无形的、伦理的非财务价值。其中，履行企业社会责任活动作为提高非财务价值的直接体现，被视为衡量企业价值的重要指标之一。

2005年日本国会通过了《公司法典》，该法典不但对日本的公司法律规范进行了整合，还增加了对企业社会责任的相关规定，日本公司法删除了以前商法中关于公司只能是营利性法人的这一规定，没有继续坚持使用营利性这一个特征作为公司特征的概括。同时，日本《公司法》将《公司法典》中对于公司性质的措辞由"公司营业"改为"公司事业"，这标志着之前只能由非营利法人从事"事业"的传统得到改变，一般的公司被允许既可以从事营利活动，也可以从事非营利活动。

除此之外，日本政府还针对企业制定了非常严格的环境保护以及节能减排的法律与标准。日本政府自20世纪70年代制定《节能法》以来，伴随《京都议定书》的签订和实施，一直在不断地完善和修订《节能法》，其对运输、产业、民生等部门都提出明确的环保节能义务要求，并对此项规定的执行建立了相应的法律规定体制和推动的配套措施。包括建立企业的"领跑者制度"，通过该制度确定产品相关的节能标准，对于没有达到标准的企业采取罚款、公告、警告、命令等惩罚措施。节能标签制度的建立使消费者可以获取产品节能环保的相应信息，并通过价格机制（日本实施的能源政策是居民生活能源价格高于生产用能源价格）来取得居民节能意识的增强和环保产品广泛地被大家接受和使用的良好效果。日本还针对企业的环保产品销售建立了节能产品的销售商评价制度，由国家对符合条件的企业公布和配发优秀商店标志，颁发环境大臣奖或经济大臣奖，以此促进企业积极实现社会责任的氛围。政府还对积极推进环保的企业给予相应的税收优惠、环保补贴、低息融资等。

日本主要通过《公司法》的整合从制度上树立起企业社会责任的理念，承认企业社会责任的法律地位，同时对企业与环境保护之间的关系做出了较明确的规定，拥有比较完备的评级制度，对企业履行环保方面的社会责任有较强的推动作用。

3.英国企业社会责任法律化的理论与实践

英国作为一个普通法系国家，其企业经营目的是与企业社会责任的实施密切相关的。特别是近年来企业在应对环境污染、自然资源枯竭、气候变化、社会公益等长期的问题，企业需要与政府携手共进、相互联系。因此，英国的《公司法》在立法中引入了"企业社会责任"以及"利害关系人"的概念。

2006年英国新修订的《公司法》对企业社会责任进行了明确规定："董事负有推动公司发展盈利的义务，即董事必须善意地按照他所理解的为了公司全部成员的利益，尽可能地以维护公司利益的方式行事，并且在如此行事时考虑到：①任何决策造成的可能后果；②公司员工的利益；③培养公司与客户、供应商和其他人的商业合作关系之需要；④公平对待公司成员的需要；⑤公司对商业信誉维护的需要；⑥公司经营中对环境以及社会造成的影响。"

非常明显，这一条把对企业追求股东利益之外的行为作为追求企业本身利益的一部分的行为予以肯定，但其前提是把"尽可能地使企业赢得胜利"作为赢取公司成员整体利益的必要条件。该条将较大的选择权给予了企业本身。虽然，如何确定董事是否"善意"地为了"尽可能地促成企业成功"是很难衡量的。但是，仍然可以从这些规定看出，虽然英国公司法依旧坚持董事应对公司负有"尽可能地促使其成功"义务，但是较以前的规定做出了改变，董事对其他利害关系人的考虑被加入法律规定中。

英国通过立法对工资、就业、工作条件、环境保护等相关方面的企业社会责任问题逐渐进行确立。最早的是1968年，英国出台的《伦敦城市收购与兼并守则》（*City Code on Take-overs and Merrgers*，简称《城市法典》）中规定，董事在为股东提供建议时，董事应当从公司雇员以及债权人利益和股东的整体利益出发，作出适当的提议。这些规定作为企业承担社会责任，尤其是对承担企业与员工的责任提供了一些基本的依据。1985年英国《公司法》规定，董事会考虑的问题不只局限于股东利益，还要包含有公司全体员工的权益以及其他相关成员的权益。2001年7月生效的《英国养老金法修正案》对企业照顾退休人员的利益作出要求，退休金职业保管人应说明其在变更和选择投资政策时，从哪些方面以及何种程度对企业可能造成社会、环境等方面的影响进行了计划。2004年英国《企业审计、调查及社区企业法案》鼓励企业社会机构的发展和设立，使企业能够成为一种具有新理念的公司，称为"社会利益的公司"（Community Interest Companies），该类型的企业利润和资产被用来造福社会。2006年，英国《公司法》通过法律的形式规定了"文明的股东价值"（Enlightened Shareholder Value）这一概念，即董事的经营管理公司的目标应该兼顾公司全部成员的利益，这才能称为公司真正的胜利。而且，如果能够更多地关注诸如环境和雇员等利益相关者，那么公司将有可能为股东带来更多的利益，同时也将有利于公司长期发展，提高公司的整体竞争力、利润及福利待遇。

英国通过立法对企业社会责任的具体问题进行了规定，如就业、环保等问题，具有较强的可操作性。

而从上述国家企业社会责任的实现方式可以看出，法律化已经成为一种趋势。企业社会责任的发展要靠法律来保护和确定，通过法律的落实让企业社会责任真正实现，在保证了企业承担社会责任稳定性的同时也给相关权益者予以法律上的保护。同时，上述国家有关企业社会责任的法律规定明确而可操作性强，值得借鉴。

（二）我国企业社会责任立法及其存在的问题

企业的社会责任现已成为发达市场经济国家理论界争论的热点和焦点问题之一。近几年我国对此问题的研究和立法也取得了较大进步。具体有《中华人民共和国公司法》《中华人民共和国劳动法》等对职工参与企业经营管理、劳动保护及劳动保险等都做了原则性规定。《中华人民共和国消费者权益保护法》对消费者权益的规定和经营者义务的规定，都是为了明确企业对消费者的责任。另外，《中华人民共和国产品质量法》和《中华人民共和国反不正当竞争法》也规定了企业的相应义务，直接或间接地保护了消费者。《中华人民共和国环境保护法》和《中华人民共和国全民所有制工业法》要求企业落实环境保护措施，合理利用资源，树立全面的现代发展观，尽到环境保护的社会责任。尽管如此，我们也无法否认，我国对企业社会责任立法的研究尚处于起步阶段，现有的企业社会责任立法存在如下问题：

1.企业社会责任法律体系不健全

（1）我国企业社会责任立法过于零散。我国企业社会责任的有关法律规范涉及诸多法律和法规，体系十分零散；目前，我国的企业社会责任实现机制是通过散见于《中华人民共和国公司法》《中华人民共和国劳动法》《中华人民共和国消费者权益保护法》《中华人民共和国反不正当竞争法》《中华人民共和国合同法》《中华人民共和国环境保护法》《中华人民共和国产品质量法》《中华人民共和国工伤保险条例》《中华人民共和国担保法》《中华人民共和国破产法》等法律及相关法律制度所构成的，并未在特定的法律中对公司社会责任的相关内容加以具体规定，且在法律之外也没有私权相制的相关制度。因此，由于相关法律规定的零散性、不系统性及配套社会制度的缺乏，导致我国企业社会责任实现机制未能充分发挥其对企业承担社会责任的促进作用，在实践中没能很好地达到其制度的设计目标：有效地保护企业非股东利害关系人的合法权益。

（2）我国关于企业社会责任的法律规定过于原则，可操作性不强。当前我国关于企业社会责任的法律规定往往比较笼统，仅是一些原则性规定。尤其对企业履行社会责任的多少及违反社会责任没有做详细的规定，从而导致企业社会责任出现一定程度的有法不依，执法不严，追究起来又难的现象。《中华人民共和国公司法》第五条虽然规定了企业应当承担社会责任，但并没有对企业承担社会责任有具体的规定。《关于中央企业履行社会责任的指导意见》对国有企业履行社会责任也仅从宏观上提出一些思路。我国相关法律没有对企业社会责任的概念、目标及不履行社会责任的所需承担的法律后果做出明确的规定，所以导致在实践操作中存在困难。

（3）我国关于资源利用和环境保护的立法仍然存在诸多疏漏，生态利益没有得到足够重视。其一，承担环境法律责任的主体过于狭窄，例如，我国目前的环境法律责任是以规制污染源企业为核心的，针对作为排污主体的企业的法律责任的条款很多，而规定政府的法律责任的条款相对较少，规定消费者、银行、证券公司、销售商等其他相关主体的法律责任的条款几乎是空白。其二，环境违法的成本过低，导致企业缺乏环境守法的动力。通过分析我国环境法律中的法律责任可以发现这么一个现象：我国目前环境违法的责任后果总体偏轻；污染治理设施的运行成本大大高于罚款数额的现实促使企业宁可违法排污缴纳罚款，也不愿意运行污染治理设施。其三，生态修复法律责任制度尚处空白。目前，我国污染环境的损害赔偿责任主要是依据《中华人民共和国侵权责任法》赔偿相关受害人的人身及财产权益的损害。而对环境本身的损害的污染治理和生态恢复的责任一直由政府承担，这是一种既不公平也不合理的现象。

此外，现有的企业社会责任立法规制缺少对利益相关者权益的关注，公平价值缺失。这些问题的存在表明，建立健全企业社会责任法律规制势在必行。

2.法律制度执行困难

（1）执法机关交叉，执法不到位。由于企业社会责任的法律法规相当分散，因此，执法机关面对监督企业社会责任时，出现执法机关交叉或重复执法。例如，《中华人民共和国劳动法》的执法机关是人力资源和社会保障部门，《中华人民共和国消费者权益保护法》的执法部门是国家工商行政管理部门，《中华人民共和国环境保护法》的主要管理部门则是环保局。可见，缺乏一个专门的执法部门是现阶段我国企业履行社会责任的一个难题。政府各个职能部门条块分割，在对待企业社会责任的执法过程中，存在交叉执法，从而导致执法力度不够，履行职责不到位。例如，从一些环境污染的事件和矿难事件、产品质量危害人体安全的事件中可以看到政府对于不良的违法行为监管不力，执法不严甚至不执法的现象。与此同时，社会责任的各项标准在管理上也没有一个专门的部门可以执行，将不利于企业履行社会责任。

（2）执法程序不够完善。社会主义法治要求有法可依，有法必依，执法必严，违法必究。我国社会主义法治要求政府依法行政，一套完善的执法程序和体系是依法行政的前提和条件。企业社会责任在有法律明确规定的基础上，还需有一个严格的执法程序来保障执法者对企业承担社会责任的正确执法。目前，我国法律上对于企业社会责任没有规定专门的执法机关，在执法上也没有相应完善的执法程序。尽管可以按照现行的行政法及行政诉讼法来执行国有企业不履行社会责任，但是通常采取的做法是惩罚，按这样的执法程序操作却达不到要求企业承担社会责任的目的。

3.司法实践中操作不强

（1）企业社会责任案件诉讼时适用法律困难。我国规范企业社会责任的相关法律主要有《中华人民共和国公司法》《中华人民共和国合伙企业法》《中华人民共和国劳动法》《中华人民共和国劳动合同法》《消费者权益保护法》等。这些法律只有《中华人民共和国公司法》中明确了企业社会责任的主体地位。尽管《关于中央企业履行社会责任的指导意见》文件，涉及企业社会责任，但这些规定在司法实践中适用起来存在较大困难。根据《中华人民共和国民事诉讼法》第一百零八条的规定，"起诉必须符合下列条件：（一）原告是与本案有直接利害关系的公民、法人和其他组织；（二）有明确的被告；（三）有具体的诉讼请求与事实、理由；（四）属于人民法院受理民事诉讼的范围和受诉人民法院管辖"。因此，很多涉及国有企业社会责任的案件，司法实践操作起来困难，到底由谁来起诉也很难确定。因此，国有企业社会责任案件中谁作为原告的诉讼主体常出现困难，当有健全的诉讼主体时，又容易出现诉讼时适用法律困难。

（2）公益诉讼机制不健全。公益诉讼是指由于行政机关、其他权力机构、公司、企业或其他组织的违法行为或不作为，导致社会公共利益遭受损害（环境污染、消费者权益受损、资源浪费等），法律允许公民或社会团体为维护公共的社会利益而起诉的一种法律制度。企业社会责任的案件往往涉及公益诉讼，而这类案件在司法实践中又常常难以追究责任。例如，在司法诉讼中面对环境污染的案件，一般的公民是否具有诉讼主体的原告资格，在司法实践中常常处于质疑。事实上，环境污染案、产品质量案，涉及企业社会责任的案件，需要援引公益诉讼，然而当前我国的公益诉讼在理论上也尚处于争议阶段，学术界对公益诉讼也有很大的分歧，导致公益诉讼机制一直没法向前推进一步，很少有相关的部门、主体来充当公益诉讼的原告，公益诉讼机制不健全。

（三）建构企业履行社会责任的法制推进模式

1.立法模式的选择

根据法学专家的观点，关于企业社会责任的立法模式，归纳起来主要有一元立法、多元立法和综合立法三种。一元立法指的是一个国家关于企业社会责任的法律法规都集中在一部法典之中，即是企业社会责任法典。多元立法指的是不单独制定企业社会责任法典，而把与企业社会责任相关的规定分散到各个相关的法典之中，如对职工的责任可以归入公司法、劳动法、社会保障法等法律部门之中，对环境资源的责任则可以归入环境保护法系之中，对消费者的责任则归入消费者权益保护法、产品质量法、食品安全法等法律部门之中，等等。世界范围内存在的企业社会责任立法多是该模式。综合立法指的是既进行专门的法典立法，以《企业社会责任促进法》为纲，又在《企业社会责任促进法》外的其他法律部门中对有关内容进行专门的、有益的补充，以实现对企业社会责任法律地位的重视与全面保护。

经过对专家学者观点的分析总结，结合我国立法实践和社会责任发展现状，笔者认为，企业社会责任的立法模式采取综合立法更优。其一，企业社会责任法典的存在，表明国家及社会对企业社会责任的重视程度上升到战略层面。其二，企业社会责任法典在细节上所不能实现的内容，比如内涵细节、法律责任细节的内容，将可以在其他相关法律中进行专门和更加具体的规定，从而使法律体系的完整性得到完美的体现。

2.制定企业社会责任专项法律

2014年10月《中共中央关于全面推进依法治国若干重大问题的决定》已明确提出，要"加强企业社会责任立法"，显然加强企业社会责任立法应引起高度重视。前面已论及我国关于企业社会责任的立法，都分散在其他法律中，都是从各自不同的角度来保护非股东群体的利益，而并非从企业主动履行社会责任的角度激励企业与利益相关方建立可持续发展的法律关系，因此目前亟须构建企业社会责任的专项法律。"制定《企业社会责任促进法》专项法律"的观点，通过企业社会责任专项立法，能够站在国家利益高度，为企业主动履行社会责任提供必要的法律约束和激励。加强企业社会责任专项立法及其法治建设，不仅与我国企业发展战略和长远目标相一致，还能更好地统领、促进和协调我国诸如劳动、安全生产、职业病防治、环境保护等法律法规在企业内部的实施，促进企业依法经营，实现可持续发展。加强企业社会责任法治建设，特别是中国企业社会责任专项立法及其责任标准的推行，从近期看，有利于外向型企业中员工待遇的改善，从而起到扩大内需和稳定社会的预期作用；从长远看，有利于国内产业结构的调整和升级，转变经济发展方式，提高我国出口产品的技术含量和附加值，增强企业国际竞争力。

《企业社会责任促进法》是国家采取强有力的法律手段来引导、规范和保障企业建立健全社会责任相关制度，以法律的手段促使企业全面履行社会责任、走可持续发展之路。其立法框架可包括：总则，主要介绍企业社会责任促进法制的目的、社会责任含义明确界定、实施主体、地方性实施办法、国务院各部门协同工作、地方政府及各相关部门协同工作、组织宣传、培训、推广、实施及监督等内容；基本管理制度，主要介绍国务院及省、自治区、直辖市人民政府的有关部门依据本法制定相关推行政策、规划、指南、标准（目标、适用范围、主要任务、保障措施、重点领域等）、组织实施、教育培训、宣传推广、考核评价及监督等内容；社会责任实施，主要指对企业在履行社会责任过程中所采取的措施做出相关规定；鼓励措施，即对企业社会责任中愿尽责任的履行行为，制定的相关激励机制；法律责任，主要介绍对企业履行社会责任过程中违反相关规定所制定的处罚机制，包括法律实施主体、法律责任承担主体、违法行为、行为后果（处罚）等内容的规定；最后的附则部分介绍本法开始施行的时间等内容。

3.健全企业社会责任的法律体系

法律是用以调整社会关系的手段，但由于社会关系的复杂性，一种社会关系的调整往往需要多部法律的协调配合才能实现。企业社会责任亦是一个涉及包括法律、经济、社会、文化等在内的诸多领域的社会系统工程，企业社会责任的法律完善和具体实现也不应只体现在一部法律中，而应该是一个由多层次的、不同法律规范的相关条文组成的共同构架。为促使企业履行社会责任，我国政府根据现状，对现存的法律法规进行有效的梳理、修订和完善，如修订《中华人民共和国公司法》《中华人民共和国消费者权益保护法》《中华人民共和国劳动法》《中华人民共和国环境保护法》等法律条款中的与社会责任相关内容，避免相关法律之间的价值冲突和协调。细化已有的法律原则，使《公司法》中企业承担社会责任的原则可以依托其他相关法律，增强法律的可操作性，同时加强和巩固企业社会责任的立法理念。

鉴于目前我国现有法律体系中对公司社会责任零星而又分散的立法现状，立法机构应当加快相关法律体系建设，构建以《公司法》为主导，相关法律部门密切配合的企业社会责任完整体系。力求通过宏观法调控法与市场规制法的通力合作来推动我国企业社会责任的落实，比如，通过《劳动法》的制度设计，确保企业对职工在医乐养老、失业保险及安全、卫生环境提供和职工技能培训再教育义务履行方面社会责任的承担；通过产品质量法中对诸如 SA 8000 和 ISO 26000 等相关企业社会责任国际标准的引入，敦促企业提升产品质量、指引企业发布社会责任报告、开展社会责任评价；通过完善税法的相关激励制度、扩大税收优惠范围、提高优惠数额、简化办理手续等措施来鼓励和促进公司自觉践行社会责任。只有这样将法律的强制性规定与企业的自愿性选择有机地结合在一起，以不同的手段对不同属性的企业社会责任加以约束和保障，加强对企业社会责任的引导，才能形成企业承担社会责任的最佳模式。

4.制定规范企业社会责任行为的专项法规

企业社会责任是一个新生事物，给企业带来一些新的经营管理理念和行为，但同时也需要一些新的规范，如社会责任信息披露规制、社会责任代理监督规制等。殷格非认为，企业社会责任信息披露是一项新的行为，需要制定相应的法律规章加以规范，可以制定《企业社会责任信息披露管理办法》。该办法的贯彻实施一般通过社会责任报告等方式实现，兼顾企业社会责任的多维性质和企业所实施的 CSR 政策的多样性，使企业披露的信息更具对比性，满足投资者、客户等利益相关方的需求。《企业社会责任信息披露管理办法》需对社会责任信息披露的基本框架做出明确的规范，可包括：企业的经营模式；企业针对上述问题所实施的政策，包括所实施的尽职调查过程；政策实施的成果；关系到企业运营的上述问题所带来的主要风险，并说明企业管理上述风险的方式；与特定业务有关的社会责任关键绩效指标。

5.建立健全企业社会责任诉讼机制

企业社会责任体系完备与否，诉讼救济机制是其重要标志之一。如何建立健全公司社会责任诉讼机制，学界的建议如下：一是建立利益相关者派生诉制度。我国2005年新修订的《公司法》引入了股东派生诉讼制度，但未对股东之外的公司利益相关者派生诉权给予必要关注，由此建议《公司法》增加相关规定，赋予公司债权人团体、消费者团体和公司的职工代表大会或工会以派生诉权。二是完善公益诉讼机制。公司一旦发生社会责任事故，其损害的对象往往是一个社会群体。例如，污染环境，社区周围的居民健康受到了影响；商品质量不合格，广大的消费者权益受到了侵害；生产条件不达标，职工的生命安全和财产利益得不到保护；等等。因此，公司社会责任诉讼机制中应引入公益诉讼机制，即由个别或部分利害关系人，代表整个受害群体对损害其利益的公司提出诉讼，诉讼的结果适用于整个受害群体。

第三节　借助社会力量

推动企业履行社会责任需要各种社会组织和力量的参与。国际企业社会责任运动的发展历程表明，各种社会力量——行业和企业组织、工会组织、消费者组织、媒体等对推动企业履行社会责任发挥了关键性的作用，在与政府建立和保持沟通、传达社会公众的意愿和要求、动员社会舆论推动更多企业参与社会责任、对企业开展活动的情况进行监督和评价，以及创造有利于企业履行社会责任的社会环境等方面都发挥了重要作用。比如，中国企业联合会、中国纺织工业联合会，近年来在推行企业社会责任中发挥了积极的作用。行业和企业组织可以在宣传引导、制定企业行为准则和实施机制等方面发挥对企业社会责任的促进作用。

一、建立社会责任外部监督机制

首先，加快信用立法，建立健全企业诚信评估制度。通过建立专门的诚信评估机构，围绕企业经营活动对企业的诚信状况进行信用等级的评估，并由权威机构进行公开发布。

其次，在政府的指导和监督下，由非政府机构建立独立的CSR的第三方论证和审核机构，从社会、经济、环境和可持续发展等多个方面，对企业履行社会责任状况进行客观评估，并定期公布结果。由于企业自律机制不能完全消除环境不确定性和行为不确定性下的机会主义动机，内部规则可能面临解体或被置于从属地位，为确保CSR内在规则得到遵守，需要借助外部力量来加强内部规则的实施。例如，加强对公司管理层和主要股东的经济行为及其信息披露的监管，加大对违法行为的处罚力度。推行有效的审计复核制度，在普通审计中引入司法审计；限制审计师进入公司任职；实行会计师事务所报备制度；明确审计工作责任；简化会计制度，尽量做到会计制度明确、相关、及时。通过强化公司监督和问责，使企业的经济效益、环境效益和社会效益得到统一；通过培育公众的社会责任意识，使公众的社会责任意识能够为企业提供法律之外的道德规范，提供一种弥补立法、监管缺位时的外部监督。

最后，定期公布企业履行社会责任排行，建立科学合理的社会责任评价体系。可广泛征求大众对企业履行社会责任的评价，并据此来对企业履行社会责任的情况排行，公开表扬认真履行社会责任的企业。政府也可设立一些奖项以鼓励企业履行社会责任，积极支持企业的技术创新，为企业因为技术创新或新能源开发需要的资金贷款实行政策优惠等。例如，美国政府每年都设有优秀企业奖、优秀环境保护奖和优秀臭氧层保护奖等。

二、发挥社会舆论的监督作用

在当今信息化时代，新闻媒体一直以独立的监督者身份存在，其作用越来越显著。而且新闻媒体对社会责任的反省与回归是新闻媒体发展的主流意识，新闻媒体的社会责任就是要把社会公众的利益、社会的利益放在首要位置。因而，新闻媒体必须秉持使命感、责任感、正义感，以敏锐的洞察力和独特的新闻视角，对企业在社会责任方面的实践情况进行全方位的持续关注，对于发现的问题及时向社会公布，有效发挥自身监督和引导职能。

近年来，新闻媒体凭借其迅速的信息传递能力、非同凡响的影响力，对我国发生的多起重大企业社会责任缺失事件进行了广泛报道，同时使履行社会责任良好的优秀企业得到了社会的高度赞扬，发挥了其强大的间接约束力作用，提高了全社会的责任意识，在监督、促进国有企业履行社会责任方面发挥着不可替代的作用，而这部分功能却是政府监督很难涉及的。因此，新闻媒体要积极参与企业社会责任的运动，以其特有的公信力和覆盖面为我国的企业社会责任建设做出自己的努力。

三、建立企业社会责任的利益实现机制

企业履行社会责任不只是一个成本支出的活动，在长期中企业能够获得更大收益，而这一收益是在企业与利益相关者的微观互动中实现的。首先，建立健全企业履行社会责任的激励机制。企业履行社会责任并通过报告等形式披露出来，利益相关者接收到信息并对企业的行为产生评价，为鼓励这种行为的持续进行，政府可以通过对这些企业采取税收减免和财政补贴、贴息等手段给予奖励。其次，通过消费选择权引导企业履行社会责任。消费者选择是一种重要的规范手段，消费者作为企业重要的利益相关者，其行为越来越受到社会因素影响，对企业社会责任有着强烈的要求，因为企业是否履行社会责任关系到其消费的质量。消费者通过"货币投票"来购买这些企业所生产的产品，即使这些产品初始价格较高，但是由于对其产品质量有信心，使用成本较低，消费者仍会选择这些产品；相反，对于那些不履行社会责任的企业，利益相关者可以采取相反的手段对其进行惩罚。消费者运动中消费者手中掌握的消费选择权，对传统企业固有的经营行为、经营理念产生了很大冲击，使得企业必须重新审视消费者的需求，重视维护保持并且不断提升自己的社会形象。

四、加强社会诚信体系建设

以信用机制推动企业社会责任的落实，作为对企业社会责任立法的补充。在

我国现行公司立法没有界定企业社会责任的内涵与外延的情况下，通过信用机制的设立可以在一定程度上弥补我国《公司法》中有关企业社会责任一般条款中缺乏具体的操作措施的缺陷。

政府应出台政策鼓励和扶持建立商业化的信用评估机构，调整各方利益，动员全社会参与企业信用市场的培育，最终建立起包括企业社会责任信用在内的全国性的企业信用市场，从而完善社会信用监督体制。政府有关职能部门应当尽快建立信息共享、联手打击破坏社会信用行为的联动机制，完善企业资信档案登记机制、规范资信评估机制，建立严密和灵敏的信用风险预警、管理和转嫁系统。

信用记录对于企业在激烈市场竞争中是很重要的因素，有别于强制性的法律，其带给企业的是来自社会的压力，同样影响着企业的生存和发展，决定着企业的命运。因此，对于积极的企业社会责任应当以宣示性的法律引导为主，同时结合企业的信用体系从市场以及法律两方面来落实企业社会责任的履行。

五、成立专门的社会责任监管机构

推进企业履行社会责任需要政府多部门的共同参与。当前，我国的情况是，政府的不同职能部门分别对企业社会责任的相关事务进行管理，没有一个统一部门来协调这些工作。因此，政府可以根据实际情况成立专门机构来引导企业履行社会责任。比如，成立企业社会责任工作委员会等。这个机构由涉及监管企业社会责任的各行政部门联合成立。它的职责包括以下3个方面：第一，协调各政府部门间有关企业社会责任的一些政策和措施，保证政策的统一性。比如，环保总局与央行、银监会联合，想用经济的手段来遏制污染行为，推出了《关于落实环境保护政策法规防范信贷风险的意见》的新政策，值得肯定和推广。同时，政府还可以促进各职能部门与地方管理机构的合作。条块结合，职能部门的工作重点是建立评价指标体系、对口重点行业细化制定标准、拟订配套政策和鼓励措施、把握宣传舆论导向、推荐树立行业标兵、加强指导和监管、及时发布企业履行社会责任情况。各地方管理部门则要做好区域内重点行业、重点企业的宣传活动，推进企业社会责任标准认证，营造区域氛围、构建企业与社区和谐互动的平台，统筹协调推进，探索形成具有区域特色的推进企业履行社会责任的工作体系，在内容、形式、方法上进行探索创新。第二，制定相关的国家对于企业履行社会责任的长远规划。为了推进中国企业在更高起点上更好地履行社会责任，许多发达国家都制定了企业社会责任战略，这一点值得我国借鉴。我国政府也应该尽快推出企业社会责任运动的推进方案。第三，这个机构还要制定和修改企业社会责任的标准，建立企业社会责任数据库，要求企业定期发布社会责任报告，该机构对外公布其履行社会责任的情况。同时，还要加强与国际组织、外国政府以及非政府组织接触，积极参与全球标准的制定，维护国家利益。

六、建立和完善社会责任教育机制

社会责任的履行，教育是前提。作为社会教育资源的集大成者，政府可以充分发展社会责任教育的阵地优势、资源优势、人力优势，整合教育资源，提升企业管理家的素质。在教育的形式上，可以通过普及性教育和专门性教育，借助媒体、社会舆论，通过各种论坛、讲座，以及短期培训教育的形式有针对性地开展教育工作。社会责任是无形的，要通过教育内容的渗透，把社会责任这种无形的东西转化为一种有形的责任。在切合企业管理、企业管理家的"内"需的基础上，扩大教育的"容"量，通过教育形成企业社会价值的标杆，形成企业家社会责任准则。通过系统学习，强化企业责任人的法律意识、公平意识、劳动权益意识和社会发展意识。同时要积极发挥党、工会等组织的监督作用。很多地方开始了有益的尝试，如在企业管理建立党支部、在企业管理建立工会制度，通过整合企业资源，形成企业内部的教育网络，建立形式多样的教育管理途径，让企业管理家在关注企业发展、关注企业利润的同时，更多关注企业内部的管理和产品的社会价值体现，为员工的工作、发展提供良好的环境，为产品走向消费者赢得信誉。

总之，要建立企业、政府、社会力量共同参与相互联动的推进机制。企业是承担和履行社会责任的主体，必须强化遵章守法和道德自律，建立实施企业责任的程序；政府要制定规则和评价标准，完善和健全法律和监管体系；社会力量以公信力为准则，发挥服务企业和监督企业的双重功能，更好促进我国企业主动履行社会责任，实现企业和社会可持续发展。

参考文献

[1] 王霄霄. 绿色会计在可持续发展中的前景分析 [J]. 中国外资.2012（10）.

[2] 邢水英. 近年来我国环境绩效审计研究与进展 [J]. 科技资讯.2013（11）.

[3] 李玲，陈琦. 国内外环境绩效评价研究综述 [J]. 合作经济与科技.2014（10）.

[4] 曾天，陈撷艺. 企业环境绩效评价体系的构建与运用 [J]. 重庆与世界，2011（10）.

[5] 胡星辉. 企业环境绩效评价模型构建浅谈 [J]. 财会通讯.2009（10）.

[6] 刘建胜. 循环经济视角下的企业环境绩效评价指标体系设计 [J]. 商业会计.2011（6）.

[7] 张天蔚，胡燕玲. 基于信息公开的企业环境绩效评价存在的问题及建议 [J]. 中国管理信息化.2013（1）.

[8] 彭华岗. 中国企业社会责任信息披露理论与实证研究 [D]. 长春：吉林大学，2009.

[9] 李立清，李燕凌. 企业社会责任研究 [M]. 北京：人民出版社，2005.

[10] 刘淑华，孙志梅. 企业社会责任绩效评价模型构建 [J]. 统计与决策，2013（12）：182-185.

[11] 李正，向锐. 中国企业社会责任信息披露的内界界定、计算方法和现状研究 [J]. 会计研究，2007（7）：3-11.

[12] 肖红军，李伟阳. 企业社会责任指标体系构建的五维模型 [J]. WTO经济导刊，2009（3）：69-71.

[13] 杨超. 企业社会责任评价指标体系 [J]. 企业管理，2010（12）：86-87.

[14] 刘淑华，孙志梅，李呈.国有企业社会责任评价指标体系研究 [J].财会通讯，2011（18）：126-128.

[15] 刘淑华，李呈.加强国有企业社会责任建设的思考 [J].改革与战略，2011（10）：147-150.

[16] 王丹.国有企业社会责任实现路径探析 [J].理论月刊，2010（5）：160-162.

[17] 唐果.层次分析法确定企业社会责任考核指标权重研究——以宁波民营企业为例 [J].科技管理研究，2010，30（8）：244-246，249.

[18] 欧敏洁.利益相关者视角下企业社会责任信息披露重构研究 [D].蚌埠：安徽财经大学，2013.

[19] 赵钧.中国A股上市公司社会责任报告研究（2012）[J].WTO经济导刊，2013（7）：65-69.

[20] 杜治员.企业社会责任法律化问题研究 [D].太原：山西财经大学，2012.

[21] 朱文忠.ISO 26000与中国CSR制度化建设研究 [J].现代经济探讨，2012（8）：47-51.

[22] 吴木洋.构建与完善我国绿色税收体系的对策建议 [J].邢台学院学报，2014（1）：79-80，88.

[23] 殷格非，陈锋.关于构建中国特色企业社会责任法律体系的思考 [J].WTO经济导刊，2015（3）：30-32.

[24] 古剑.企业社会责任法律问题研究 [D].武汉：中南民族大学，2012.

[27] 李卫斌.企业社会责任履行机制的构建与实施 [J].江西社会科学，2012（5）：214-217.

[25] 陈佳贵.中国企业社会责任研究报告（2012）：企业社会责任蓝皮书 [M].北京：社会科学文献出版社，2012.

[26] 单忠东.中国企业社会责任调查报告（2006）[M].北京：经济科学出版社，2007.

[27] 邓家姝，李月.基于生态文明理念下的企业社会责任会计探讨 [J].财会研究，2015（4）：67-70.